Elke Dosch
strid Grabe

77 Ideen
– Soziales Lernen in der Grundschule

Praxisratgeber mit Spielen und Materialien

Verlag an der Ruhr

Titel
77 Ideen – Soziales Lernen in der Grundschule
Praxisratgeber mit Spielen und Materialien

Autorinnen
Elke Dosch, Astrid Grabe

Titelbildmotiv
Anja Boretzki

Illustrationen
Anja Boretzki (soweit nicht anders angegeben)

Druck
Heenemann GmbH & Co. KG, Berlin, DE

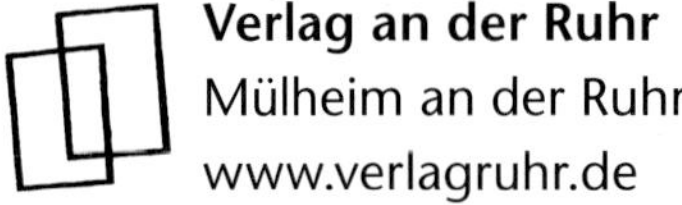
Verlag an der Ruhr
Mülheim an der Ruhr
www.verlagruhr.de

Geeignet für die Klassen 1–4

ISBN 978-3-8346-2589-2

Liebe Kollegen*,

in unseren Klassen treffen in jedem Jahrgang Kinder mit unterschiedlichstem Können, Wissen, Charakter und Bedürfnissen aufeinander. Als Lehrer stehen wir daher jeden Tag wieder vor der herausfordernden Aufgabe, sowohl die **Individualität der Kinder zu berücksichtigen und zu bewahren als auch ein soziales und gemeinsames Lernen zu fördern.**
Schule ist nicht nur ein Ort, an dem Kinder lernen. Sie sollen sich dort wohlfühlen, sich angenommen und geborgen fühlen. Sie sollen die Möglichkeit haben, **wichtige soziale und emotionale Erfahrungen im Umgang miteinander zu machen** und Freundschaften zu schließen, aber auch Konflikte konstruktiv zu bewältigen. Damit das gelingen kann, sind trotz der Individualität eines jeden Schülers bestimmte Grundregeln erforderlich, deren Einhaltung den Rahmen für ein soziales Miteinander stecken. Dabei geht es nicht darum, bloße Vorgaben zu machen, die die Kinder einengen oder die sie stur befolgen, ohne sie zu verstehen. Vielmehr kann es nur darum gehen, gewisse Regeln durch die tägliche Arbeit und das praktische Handeln immer wieder neu mit Inhalten zu füllen, Erfahrungen zu erweitern, Vorfälle zu reflektieren – eine Atmosphäre schaffen, in der diese Regeln ganz selbstverständlich dazugehören und gelebt werden.

Worum geht es in dieser Ideensammlung?

In unserer eigenen Unterrichtspraxis haben wir beobachtet, dass der eigene Blickwinkel sehr häufig besonders auf den negativen Verhaltensweisen liegt: Wir schimpfen, regen uns auf und sanktionieren das Fehlverhalten von Kindern und vergessen dabei manchmal zunehmend, positives Verhalten zu bestärken oder überhaupt zu bemerken. Doch gerade hier liegen unserer Meinung nach die echten Chancen, soziales Lernen motivierend und produktiv voranzutreiben. Dementsprechend haben wir uns bemüht, Ideen zusammenzustellen, die genau diese wünschenswerten und **positiven Verhaltensweisen verstärken** und gute Erfahrungen im Umgang miteinander möglich werden lassen sollen. Es handelt sich bei dieser Ideensammlung um ganz praktische Anregungen, die sich unabhängig vom jeweiligen Unterrichtsthema einsetzen lassen, um die Entwicklung eines sozialen Zusammenlebens und einer positiven Lernatmosphäre zu unterstützen.

---

* Aus Gründen der besseren Lesbarkeit haben wir in diesem Buch durchgehend die männliche Form verwendet. Natürlich sind damit auch immer Frauen und Mädchen gemeint, also Lehrerinnen, Schülerinnen etc.

Wir haben versucht, **Handlungsideen** zusammenzustellen, die sich mit möglichst **wenig Material- und Zeitaufwand einsetzen lassen** und den Kindern viel Spaß machen sollen: Viele der hier vorgestellten Ideen lassen sich einfach **zwischendurch als Auflockerungsübung** einsetzen und tragen so ganz nebenbei auch dazu bei, den Umgang miteinander zu gestalten und die **Klasse zu einer Lerngemeinschaft heranwachsen** zu lassen.

Zum Aufbau der Materialien

Die hier wiedergegebenen Handlungsideen haben wir der Übersichtlichkeit halber in sieben Bereiche eingeteilt, die sich, für uns, an den wichtigsten Regeln für ein soziales Miteinander orientieren. Dabei sind die einzelnen **Bereiche keinesfalls strikt voneinander zu trennen**, sondern gehen häufig fließend ineinander über oder bedingen sich auch wechselseitig.
Jedem Bereich sind einige kurze Überlegungen vorangestellt. Anschließend finden Sie spielerische Übungen, Organisationstipps für Pausen oder Unterricht oder auch Aufgaben zum Schmunzeln oder Nachdenken.
Sie finden Handlungsideen zu folgenden Bereichen:

Wir gehen höflich miteinander um und benutzen nette Worte

Wir gehen friedlich und freundlich miteinander um

Wir beugen Streitigkeiten vor oder klären sie respektvoll

Wir respektieren fremdes Eigentum und schätzen die Lernumgebung

Erfolgreich gemeinsam lernen

Gute Geister und helfende Hände

Erste Hilfe in brenzligen Situationen

1

Wir gehen höflich miteinander um und benutzen nette Worte

Die Regel „höflich sein und nette Worte benutzen" ist unserer Meinung nach eine der Grundlagen für ein friedvolles und respektvolles Miteinander. Das zentrale Medium des positiven Miteinanders in der Schule stellt sicherlich unsere Sprache dar.
Worte können missverstanden werden, zu Streitigkeiten führen und Gefühle verletzen. Allerdings können sie auch viel Gutes bewirken.
Die Kinder erfahren durch den Umgang mit netten Worten, wie gut diese tun. Das Positive steht im Vordergrund, sodass ein gutes Klima entstehen kann.
Voraussetzung für ein höfliches und respektvolles Miteinander sind die alltäglichen Umgangsformen. Gestik und Mimik sind ein wesentlicher Bestandteil. Vielen Kindern fällt es schwer, jemanden zu begrüßen, *„bitte"* oder *„danke"* zu sagen oder freundlich zu fragen … Positive Erfahrungen mit den Reaktionen des Angesprochenen sollen motivieren.

Im Folgenden finden Sie einen Überblick zu den einzelnen Handlungsideen:
- ❖ Gutes Klima durch nette Worte
- ❖ Umgangsformen

1 Wohlige Wanderschaft

– Nettigkeiten in Bewegung

Zeit ◆ 5 Minuten
Material ◆ —

So geht es:

1. Die Hälfte der Kinder stellt sich im Kreis auf, wobei der Blick nach außen gerichtet ist. Die anderen Kinder ordnen sich jeweils einem Partner zu und stellen sich mit Blickkontakt gegenüber auf (Dies ist vor allem als „Kugellager" oder „Innenkreis-Außenkreis" bekannt).
2. Durch ein akustisches Signal beginnt die wohlige Wanderschaft: Die Kinder sagen sich nun gegenseitig nette Dinge: *Ich finde toll an dir …, Du kannst besonders gut …* Für den Fall, dass einem Kind nichts Positives zu sagen einfällt, bieten sich auch Formulierungen an wie: *Schön, dass wir uns jetzt gegenüberstehen, Toll, dich zu sehen, …*
3. Die Phase wird nach kurzer Zeit (1 Minute) wieder durch ein akustisches Signal beendet und der Außenkreis wandert um einen oder zwei Plätze weiter.
4. Anschließend beginnt der Ablauf erneut.

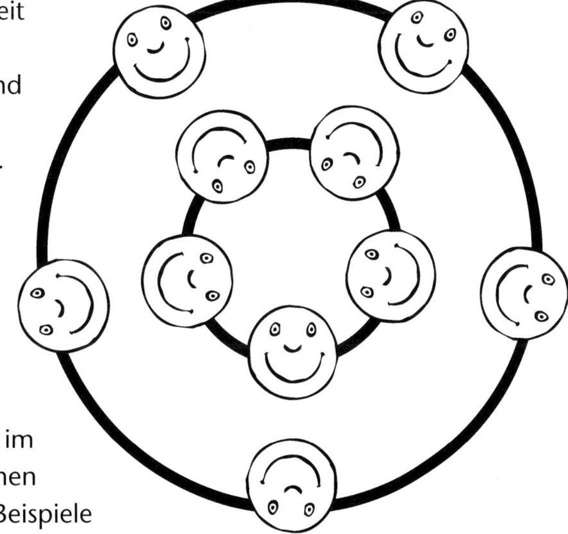

Tipp!

❖ Sind ihre Schüler nicht geübt im Sagen netter Worte, besprechen Sie zuvor mit ihnen ein paar Beispiele oder legen Sie zuvor ein Buch der netten Worte (S. 11) an.

2 Warme Dusche

– Nette Worte tun gut

Zeit ◆ ca. 10 Minuten
Material ◆ —

So geht es:

1. Die Kinder sitzen im Kreis.
2. Ein Kind darf nun zur „warmen Dusche" in die Kreismitte kommen. Ein anderes Kind beginnt nun und sagt dem Kind im Mittelpunkt etwas Nettes:
   - *Ich finde toll an dir, …*
   - *Du kannst besonders gut …*
   - *Schön, dass du …*
3. Alle anderen Kinder dürfen im Anschluss ebenfalls etwas Nettes zum Kind sagen.

Tipps!

- Legen Sie Satzanfänge in den Kreis, um den Kindern eine Hilfestellung zu geben.
- Um dieser Übung einen festen Platz im Schulalltag zu geben, lässt sich diese Übung gut zu Geburtstagen ritualisieren: Das Geburtstagskind erhält als „Klassengeschenk" eine warme Dusche. Da es einigen Kindern schwerfällt, positive Eigenschaften zu benennen, oder aber auch Kinder im Mittelpunkt stehen, die ggf. eher unbeliebt sind, lässt sich die warme Dusche auch durch ein *„Herzlichen Glückwunsch zu deinem Geburtstag"* oder *„Ich wünsch dir …"* ergänzen.

3 Buch der netten Worte und guten Wünsche

– Nette Erinnerungen und Rückmeldungen

Zeit ◆ ca. 1 bis 2 Wochen
Material ◆ 1 DIN-A3-Tonpapier/-karton, ggf. Regenbogenpapier

So geht es:

1. Jedes Kind erhält ein zu DIN-A4-Größe gefaltetes Tonpapier (besonders schön wird es mit einem Regenbogenpapier).
2. Diese „Bücher" werden von jedem Kind mit Namen versehen und an einer bestimmten Stelle im Klassenraum für einen gewissen Zeitraum gesammelt und gelagert.
3. In der nächsten Zeit haben die Mitschüler nun die Möglichkeit, die Bücher der Kinder zu füllen, indem sie nette Dinge hineinschreiben: Erlaubt sind:
   - Lobe, die vergangene Handlungen betreffen (Was hast du gut gemacht? Was ist dir besonders gut gelungen? ...)
   - Lobe, die Eigenschaften betreffen (Was ist besonders toll an dir? ...)
   - gute Wünsche

Tipp!

❖ Ein solches Buch lässt sich besonders gut zum Ende des Schuljahres erstellen. Auf diese Weise erleben die Kinder einen positiven Abschied in die Ferien und haben zudem eine bleibende Erinnerung an das vergangene Schuljahr. Bezogen auf das gesamte Schuljahr, findet sich eine reichhaltige Auswahl an Schreibanlässen zu den o.g. Bereichen.

4 „Ich packe meinen Koffer" – mal anders

– Lustiges und nettes Gedächtnistraining

Zeit ◆ ca. 15 Minuten
Material ◆ —

So geht es:

1. Die Schüler sitzen im Kreis. In Anlehnung an die sehr bekannte Übung „Ich packe meinen Koffer" werden Aussagen wie *„Ich freue mich, wenn jemand zu mir … sagt."* oder *„Ich freue mich, wenn jemand … macht."* gesammelt.
2. Der beginnende Schüler sagt dazu einen Satz, der nächste wiederholt diesen Satz und fügt seinen eigenen hinzu. Der dritte Schüler wiederholt beide vorangegangenen Sätze und äußert wieder einen eigenen. Der Letzte wiederholt alle Sätze und fügt einen abschließenden hinzu.

5 Rücken an Rücken

– Lächeln hören – Der Ton macht die Musik

Zeit ◆ ca. 10 Minuten
Material ◆ Stühle

So geht es:

1. Zwei Schüler sitzen auf Stühlen Rücken an Rücken, sodass sie sich nicht sehen können.
2. Es wird ein Satz festgelegt, der in verschiedenen Tonfällen wiederholt wird. (Z. B. *„Hausaufgaben finde ich toll!"* …) Der Schüler spricht den Satz gelangweilt, wütend, freundlich, ängstlich …
3. Sein Partner muss erkennen, wann der Sprecher lächelt.
   Die beobachtenden Mitschüler bestätigen oder verneinen dies.
4. Nach vier oder fünf Sprachvarianten wird gewechselt.

Tipp!

❖ Lassen Sie mehrere Schüler hintereinander diese Übung durchführen. Zwei neue Spielpartner überlegen sich einen neuen Satz. Sprechen Sie eventuell vor Beginn mit den Kindern die Anzahl der aktiven Teilnehmer ab.

6 Natürlich höflich

– Nicht auf den Mund gefallen

Zeit ◆ 1 Unterrichtsstunde
Material ◆ große Bögen Packpapier oder mehrere Tonpapiere aneinanderkleben, kleine Blätter, Stifte, Klebestifte

So geht es:

1. Die Schüler bilden Gruppen zu je vier bis fünf Mitgliedern.
2. Ein Kind der Gruppe legt sich auf das auf dem Boden ausgebreitete Packpapier. Ein anderer Schüler erstellt eine Umrisszeichnung des Körpers. Die anderen Kinder malen Sprechblasen auf das Tonpapier und schneiden diese aus.
3. Gemeinsam gestalten die Schüler ihren Menschen. Er wird „angezogen", erhält eine „Frisur" … und natürlich ein freundliches Gesicht. (Woran erkenne ich einen freundlichen Menschen?)
4. Lassen Sie nun die Sprechblasen mit höflichen Äußerungen beschriften und diese mit auf oder um das Packpapier kleben. (Was sagt ein höflicher Mensch? Welche Umgangsformen gibt es?)
5. Die Gruppen präsentieren anschließend ihre Gestaltungsergebnisse.

Tipp!

❖ Lustig wird es, wenn die Schüler ihrem Menschen einen Namen geben.

7 Persönliche Begrüßung

– Netter Start in den Tag

Zeit ◆ ca. 5 Minuten
Material ◆ Namenskärtchen

So geht es:

1. Die Schüler ziehen zu Beginn des Schultages ein Namenskärtchen.
2. Jeder überlegt sich nun eine besondere Begrüßung für seinen ausgewählten Mitschüler.
3. Daraufhin kann die Begrüßungsphase beginnen. Die Schüler finden sich zu Partnern zusammen, begrüßen einander und halten eventuell einen kurzen Smalltalk.
4. Da es zu Überschneidungen kommen kann, wechseln die Partner nach der Begrüßung.

Tipp!

❖ Benutzen Sie an einem Tag die Namenskärtchen der einen Hälfte der Klasse und lassen Sie die andere Hälfte die Namen ziehen. Am nächsten Tag anders herum. So vermeiden Sie, dass es zu einem „Begrüßungsstau" kommt.

8 Begrüßung mit Ansprache

– Begrüßung mit Präsentation des Tages

Zeit ◆ ca. 3 Minuten
Material ◆ Kalenderkarten, Tagesplankarten

So geht es:

1. Wählen Sie vor Unterrichtsbeginn einen Schüler aus.
2. Dieser Schüler kommt nach vorn und begrüßt die Klasse und den Lehrer.
3. Anschließend stellt er den Tag vor, indem er das Datum präsentiert und den Stundenplan für den aktuellen Tag vorliest.

Tipp!

❖ Bei dieser Übung haben die Schüler die Möglichkeit, das Reden und Präsentieren vor einer Gruppe zu trainieren. Körpersprache, Mimik und lautes Sprechen sind wichtig für eine freundliche Ansprache.

9 Höflicher Alltag

– Höflicher und netter Auftritt in Alltagssituationen

Zeit ◆ 10 Minuten
Material ◆ —

So geht es:

Bei dieser Übung geht es darum, richtiges Verhalten in Alltagssituationen bewusst zu machen und in Rollenspielen zu trainieren. So können verschiedene Situationen erprobt und bewusst gemacht werden, wie das Entschuldigung-Sagen, wenn man zu spät zur Schule kommt, höflich fragen, „danke" sagen, Aufträge erledigen …

1. Wählen Sie ein Thema aus und legen Sie dementsprechend Partner- oder Gruppenarbeit fest.
2. Die Schüler überlegen nun gemeinsam in ihrer Gruppe eine Möglichkeit der Aktion und üben diese für ein Rollenspiel ein. Hier ist eine höfliche Ansprache in den jeweiligen Situationen besonders wichtig.
3. Zum Abschluss werden einige Rollenspiele präsentiert, die Aktionsmöglichkeiten vorgestellt und von den Zuschauern reflektiert.

Tipp!

❖ Es bietet sich an, diese Übung aus einem aktuellen Anlass im Schultag aufzugreifen. Zum Beispiel muss etwas in eine andere Klasse gebracht werden oder ein Schüler kommt zu spät und setzt sich, ohne ein Wort zu sagen, an seinen Platz. Es gibt zahlreiche Situationen, in denen ein höflicher Umgang miteinander selbstverständlich sein sollte.

10 Höfliche Hausaufgabe

– Höflich und nett auch außerhalb der Schule

Zeit ◆ ca. 5 – 10 Minuten (Bericht am nächsten Tag)
Material ◆ —

So geht es:

1. Die Schüler erhalten eine „höfliche Hausaufgabe" mit Beobachtungsauftrag:
   - Wünsche jemandem einen schönen Tag.
   - Begrüße jemanden freundlich.
   - Biete jemandem deine Hilfe an.
   - Frage jemanden, wie es ihm geht.
   - …
2. Am nächsten Tag wird berichtet, welche Erfahrungen gemacht worden sind: Wie hat die andere Person reagiert? Wie hat derjenige selbst sich gefühlt?

Tipp!

❖ Diese Hausaufgabe kann auch zum wöchentlichen Ritual werden.

11 Spieglein, Spieglein ...

– Diese Spiegel vertreiben mürrische Gesichter und zaubern garantiert ein Lächeln ins Gesicht

Zeit ◆ —

Material ◆ kleine Spiegel (Handspiegel, Spiegelfliesen), Glitzerstaub in gold oder silber, ggf. goldene Sternaufkleber, gelbes Tonpapier oder Folienstift

So geht es:

a) **Strahlendes Lächeln**
Bekleben Sie den Spiegelrand und auch den äußeren Rand der Spiegelfläche mit reichlich Glitzerdeko (Glitzerstaub, Sternsticker ...). Wenn die Kinder nun ihr Spiegelbild anlächeln, blickt ihnen im wahrsten Sinn ein strahlendes Lächeln entgegen.

b) **Sonnen-Strahler**
Wählen Sie für diese Variante einen etwas größeren Spiegel (mindestens Gesichtgröße). Schneiden Sie den gelben Tonkarton in Streifen (etwa 2 cm breit und 10 cm lang). Sparen Sie in der Mitte des Spiegels eine etwa gesichtsgroße Kreisfläche aus. Kleben Sie drumherum die Pappstreifen wie Sonnenstrahlen auf. Schauen die Kinder in den Spiegel, strahlen sie wie eine richtige Sonne!

c) **Lächelschablone**
Für diese Variante reichen auch ganz kleine Spiegel: Es muss nur die untere Gesichtspartie erkennbar sein. Malen Sie mit Folienstift einen lachenden Mund auf die Spiegelfläche. Kinder, die in diesen Spiegel hineinschauen, sollen so breit lächeln, wie die Schablone vorgibt!

Tipps!

- Diese Spiegel lassen sich sehr variabel einsetzen:
  - zum Aufheitern schlecht gelaunter Kinder
  - zum „Lächeltraining" bei beobachteten muffeligen Begegnungen
  - …
- Hängen Sie die Spiegel wie in einem Spiegelkabinett etwa in Kinderhöhe in einer Ecke des Klassenzimmers auf: So haben die Kinder immer die Möglichkeit ins „Lächel-Trainingscamp"" zu gehen.
- Die Spiegel lassen sich alternativ auch in einer Spiegelkiste aufbewahren, aus der sie bei Bedarf herausgeholt werden können.

2

Wir gehen friedlich und freundlich miteinander um

In der Schulklasse treffen verschiedenste Kinder mit unterschiedlichsten Eigenschaften, Fähigkeiten, Bedürfnissen etc. zusammen. Nicht alle Schüler sind miteinander befreundet und werden es vielleicht auch niemals sein. Jedoch ist es trotzdem wesentlich und schließt sich keinesfalls aus, dass die Schüler lernen, friedlich und freundlich mit jedem Mitschüler umzugehen und sich gegenseitig zu akzeptieren.

Indem die Kinder bewusst im Team arbeiten, gemeinsame Erfahrungen machen und Verantwortung füreinander übernehmen, wird der Zusammenhalt und auch die gegenseitige Toleranz gefördert.
Gestalterische Gruppenaufgaben erfordern eine Vielzahl von Absprachen und ermöglichen positive emotionale Erfahrungen durch das gemeinsame Handeln.

Unserer Meinung nach bietet auch eine wechselnde Sitzordnung vielfältige Chancen, die gegenseitige Akzeptanz zu erhöhen. Erfolgt die Einteilung nach dem Zufallsprinzip oder nach anderen Kriterien (s. u.), ist ein häufigerer Wechsel sicherlich sinnvoll, um die Frustrationstoleranz einiger Kinder nicht zu sehr zu strapazieren und immer wieder neue Begegnungen der Kinder untereinander zu ermöglichen (Tipp: Informieren Sie darüber auch auf einem Elternabend: Wechselnde Sitzordnungen sind ein Konzept!!!)

Zudem sollen sich die Schüler darüber bewusst werden, wie eine nette Begegnung aussehen kann und welche Bedeutung einem freundlichen Lächeln zukommt.

Im Folgenden finden Sie einen Überblick zu den einzelnen Handlungsideen:
- Teamarbeit und Kooperation
- Gemeinsamkeiten schaffen und Aufgaben gemeinsam bewältigen
- Sitzordnung kreativ gestalten
- Sich freundlich begegnen

12 Hindernisparcours

– Action, Spaß, Bewegung und Teamgeist im Klassenzimmer

Zeit ◆ ca. 5–10 Minuten
Material ◆ Tische, Stühle

So geht es:

1. Bauen Sie einen einfachen Hindernisparcours in der Klasse auf: z. B. mehrere Stühle hintereinander als „Slalomkurs", Tische, die überklettert oder durchkrochen werden müssen. (Vorsicht: Nicht zu schwierig gestalten, sonst besteht Unfallgefahr!)
2. Zunächst durchläuft jedes Kind einzeln den Parcours.
3. Nun sucht sich jedes Kind einen Partner und der Parcours wird als 2er-Team mit Handfassung durchlaufen: Der Partner darf dabei (möglichst) nicht verloren gehen.
4. Die Gruppenbildung wird fortgesetzt: Als Nächstes sind es 4er-, dann 8er-Gruppen usw., bis sich die ganze Klasse an den Händen hält und den Parcours durchläuft.

Tipps!

- Das Spiel lässt sich ebenfalls in der Turnhalle mit Sportgeräten durchführen. Der Schwierigkeitsfaktor erhöht sich dadurch natürlich!
- Geben Sie bei einer Internetsuchmaschine einfach mal die Schlagwörter „Kooperative Abenteuerspiele" ein. Hier finden sich zahlreiche und leicht umsetzbare Anregungen für herausfordernde Gruppenspiele mit Spaß- und auch Frustrationspotenzial!

13 Tagespartner

– Bewusst Zeit miteinander verbringen

Zeit ◆ 1 Unterrichtstag
Material ◆ Zettel mit den Schülernamen

So geht es:

1. Die Schüler bereiten zu Beginn des Schultages Zettel mit ihrem Namen vor. Anschließend wird gelost!
2. Mit dem ausgelosten Partner sollen die Schüler den anstehenden Schultag und möglichst viel Zeit verbringen:
   - sich gemeinsam einen Sitzplatz suchen
   - in den Pausen spielen
   - gemeinsam frühstücken
   - sich im Unterricht helfen
   - …
3. Am Ende des Tages erfolgt natürlich ein „Blitzlicht“: Jeder berichtet kurz von seinen „Tagespartnererfahrungen“.

Tipp!

❖ Diese Aktion lässt sich natürlich wiederholen und kann somit auch zum wöchentlichen oder monatlichen Ritual werden.

14 Gemeinsames Pausenspiel

– Zusammen spielen verbindet … und alle machen mit

Zeit ◆ 1 Hofpause
Material ◆ je nach ausgesuchtem Spiel

So geht es:

1. Zu Beginn des Unterrichtstages wird das „gemeinsame Pausenspiel" angekündigt.
2. Es wird ein Spiel (s. Tipp) und ein Treffpunkt vereinbart.
3. Es gelten folgende Regeln:
   - Jedes Kind der Klasse ist als Spieler erwünscht.
   - Niemand muss mitspielen!

Tipps!

❖ Für die Kinder ist es besonders motivierend und spannend, wenn auch der Lehrer mitspielt … er sollte aber zumindest anwesend sein und das Spiel begleiten.

❖ Spielvorschläge:
- Fangen, Verstecken, Ballspiele (Schweinchen in der Mitte, Fußball …)
- Spielvorschläge der Kinder aufnehmen
- Spiele aus der eigenen Schulzeit des Lehrers einbeziehen (sehr motivierend!)

15 Klassen-Zauberblume

– Ein Gemeinschaftsprodukt zu gestalten, verbindet

Zeit ◆ ca. 20 Minuten
Material ◆ möglichst großformatiges Papier (2 oder 3 Tonpapierbögen aneinanderkleben), Malerkreide oder sonstige Farbstifte

So geht es:

1. Geben Sie einen hochgewachsenen Blütenstängel vor und zeichnen Sie diesen auf das Tonpapier (es handelt sich um eine „Kletterpflanze“). Entsprechend der Anzahl der Schüler müssen noch Verästelungen eingezeichnet werden.
2. Die Aufgabe der Schüler besteht nun darin, jeweils eine möglichst fantasievolle Blüte an das Ende einer Verästelung zu malen.
3. Es sollten möglichst viele Kinder gleichzeitig an dem Bild arbeiten, indem sie sich rundherum um das Bild verteilen.
4. Natürlich kann anschließend auch noch der Hintergrund und der Stängel (Blätter ergänzen) gemeinsam gestaltet werden.

Tipp!

❖ Wenn nicht alle Kinder gleichzeitig an dem Bild arbeiten können oder sollen, lässt sich diese Aufgabe auch gut in den Wochenplan integrieren und die Anzahl der aktiv arbeitenden Kinder begrenzen: Jedes Kind, das fertig ist, sucht ein weiteres Kind aus, das seinen Platz einnehmen kann.

16 Bildanfänge

– Gemeinsam kreativ sein verbindet … und erfordert Absprachen

Zeit ◆ ca. 20 Minuten oder „immer wieder zwischendurch"
Material ◆ möglichst großformatiges Papier (2 oder 3 Tonpapierbögen aneinanderkleben), Malerkreide oder sonstige Farbstifte

So geht es:

1. Setzen Sie durch einen einfachen „Bildanfang" oder Bildausschnitt einen Gestaltungsimpuls:
   Malen oder kleben Sie auf das großformatige Bild einen einfachen Bildanfang oder Bildausschnitt (Anregungen s. Tipps). Dadurch können Sie ganz einfach einen Gestaltungsimpuls setzen, der die Kinder zu einer kreativen Gemeinschaftsaufgabe anregt.
2. Es arbeiten möglichst viele Kinder gleichzeitig an dem Bild.

Tipps!

❖ Auch diese Aufgabe lässt sich ebenfalls gut in einen Wochenplan einbeziehen, um die Anzahl der arbeitenden Kinder einfach begrenzen zu können.

❖ Mögliche Bildanfänge:

→ jahreszeitlich:
- eine große Nikolausmütze am oberen Bildrand aufkleben
- Umriss eines Riesenostereis aufmalen
- eine große Eistüte mittig aufkleben
- …

→ fantastisch:
- „verrückte" Füße oder Augen eines Aliens
- ein großes Oval als Körper für ein „Wundertier"

17 Powerpainting

– Gestaltungsaufgabe unter Zeitdruck sorgt für Gemeinschaft und Stimmung

Zeit ◆ 5 Minuten
Material ◆ 4er-Tischgruppe, Tonpapier DIN A2, Stifte (Kreide), Stoppuhr

So geht es:

1. Stellen Sie einen 4er-Tisch zusammen mit möglichst viel Platz drumherum: Auf diesen Platz legen Sie das große Papier und die Stifte (Maler-Kreide). Dieses ist der Arbeitsplatz, an dem gleichzeitig vier oder auch sechs Kinder arbeiten können. (Stühle in der entsprechenden Anzahl um den Tisch herum stellen.)
2. Vier oder sechs Kinder beginnen zu einem Thema (s. Tipps), ein gemeinschaftliches Bild zu malen. Dabei müssen Sie entscheiden, ob dabei ein gemeinsames Bild entstehen soll oder ob eine Art Cluster/Ideensammlung auch erlaubt ist. Die anderen Kinder stellen sich mit genug Abstand um die Künstler herum.
3. Die Kinder nehmen am Tisch Platz. Es erfolgt ein Startsignal und sie dürfen nun 45 Sekunden zu diesem Thema malen. Die Zuschauer dürfen natürlich anfeuern!
4. Nach dem Ertönen eines akustischen Signals, räumen die Kinder möglichst schnell ihren Platz und übergeben einen Stift an einen Nachfolger ihrer Wahl – die Zeit läuft weiter (wieder 45 Sekunden) und die neuen Kinder ergänzen und erweitern das bisherige Kunstwerk.

Tipp!

❖ Sie können auch vorher die Zeit festlegen: Was für ein Kunstwerk können wir in fünf Minuten entstehen lassen? Besonders viel Spaß macht es, wenn nach ca. drei bis fünf Wechseln das Superpowerpainting beginnt (Wechsel nach 30 Sekunden), danach kommt das Megapowerpainting (Jetzt erfolgt der Wechsel nach 15 Sekunden), nun folgt der Countdown, dann ist Schluss!

Mögliche Gestaltungsaufgaben:
Besuch im Zoo, beim Zahnarzt, auf der Kirmes, Geburtstagsparty, Gruselparty …

18 Sitzordnung

– Wechselnde Sitzordnungen erhöhen die Toleranz

Zeit ◆ 5 Minuten
Material ◆ je nach gewähltem Prinzip

So geht es:

1. Sitzordnung per Glücksfee

Variieren Sie die Sitzplatzverteilung der Schüler durch verschiedene Zufallsprinzipien:

a) Bereiten Sie ablösbare Etiketten vor, indem Sie diese entsprechend der Anzahl der Schüler mit fortlaufenden Nummern versehen. Bekleben Sie damit die Tische der Kinder. Bereiten Sie zudem kleine Lose vor, die ebenfalls entsprechend durchnummeriert werden. Die Kinder ziehen ein Los und suchen sich den entsprechenden Platz.
➔ Diese Möglichkeit erfordert nur wenig Zeit und lässt sich sogar täglich (als Morgenritual) durchführen.

b) Benutzen Sie zum Auslosen einfach ein Skatspiel:
- Bei 4er-Tischen: Alle Buben, Damen … sitzen zusammen.
- Bei 2er-Tischen: Die roten Buben, die schwarzen Buben … sitzen zusammen.

c) Zerschneiden Sie einfach Postkarten in die gewünschte Anzahl von Teilen und losen Sie dadurch die Sitzpartner oder Gruppen aus.

d) Beschriften Sie die Lose mit Tierarten in der gewünschten Anzahl. Die Kinder suchen ihre Partner durch
- passende Geräusche (geeignete Tiere sind: Hund, Katze, Pferd, Esel, Frosch, Hahn, Kuh, Schwein …)
- passende Bewegungen (geeignete Tiere sind: Affe, Känguru, Elefant, Schlange, Ente, Floh, Spinne …)

2. Sitzordnung mit Überlegung

a) Bereiten Sie die Regiekarten vor, indem Sie diese kopieren und ggf. noch durch eigene Ideen ergänzen. Wenn Sie diese häufiger verwenden möchten, empfiehlt es sich sicher, diese auch zu laminieren.

b) Beginnen Sie die Verteilung der Karten am besten in einem kurzen Steh- oder auch Sitzkreis ohne Stuhl (so haben die Kinder gleich ein wenig Platz, um sich zu beraten).

c) Die Kinder stellen ihre Sitzordnung zusammen und suchen ihren Platz.

Tipp!

❖ Weitere Ideen für Tischzusammenstellungen:
- An jeder Tischgruppe muss mindestens ein Kind sitzen, das gut … kann (Fähigkeiten vorgeben, wie klettern, pfeifen, schnell rennen …)
- An jeder Tischgruppe muss mindestens ein Kind sitzen, das gern … isst. (Nahrungsmittel vorgeben, wie: Fisch, Obst, aber auch: Brokkoli, Mango, Spinat)
- An jeder Tischgruppe muss mindestens ein Kind sitzen, das ein … im Namen hat! (Buchstaben vorgeben, wie L, E, A …)
- An jeder Tischgruppe muss mindestens ein Kind sitzen, das gern … spielt. (Freizeitbeschäftigung vorgeben, wie „mit Puppen", „mit Lego®", „mit Playstation®")

Die Sitzordnung für heute lautet: An jeder Tischgruppe müssen Jungen **und** Mädchen sitzen!	Die Sitzordnung für heute lautet: An jeder Tischgruppe muss mindestens 1 Kind sitzen, das noch Geschwister hat!
Die Sitzordnung für heute lautet: Freie Wahl!!!	Die Sitzordnung für heute lautet: An jeder Tischgruppe muss mindestens 1 Kind sitzen, das ein Haustier hat!
Die Sitzordnung für heute lautet: Die Kinder an jeder Tischgruppe müssen zusammen mindestens 20 Buchstaben im Vornamen haben!	Die Sitzordnung für heute lautet: Die Kinder an jeder Tischgruppe dürfen zusammen nicht jünger als 33 Jahre sein!

3. Sitzordnung nach Gefühl

a) Versammeln Sie die Kinder in einem Sitzkreis (ohne Stuhl).

b) Bereiten Sie nun zügig die Tische der Tischgruppen vor, indem Sie Bilder zu einem bestimmten Thema (z. B. verschiedene Farbkarten) jeweils in die Mitte der Tischgruppe legen. Die Bilder sollten zunächst umgedreht sein, sodass die Kinder noch nicht „spionieren" können (Bei Farbkarten können diese zusätzlich auf ein einfarbiges Blatt aufgeklebt werden).

c) Besprechen Sie die Vorgabe zur Bildung der Tischgruppen:
- Setze dich zu dem Bild, das dir am besten gefällt!
- Setze dich zu dem Bild, das deine Stimmung heute am besten ausdrückt!

d) Drehen Sie die Bilder nun um – die Kinder betrachten die Bilder und finden auf diese Weise ihren Sitzplatz. Zudem sollten sie sich gegenseitig begründen, warum sie genau diesen Tisch gewählt haben.

Tipp!

❖ Ausrangierte Kalenderbilder (Kunstkalender, Tierkalender ...) eignen sich gut zur Vorgabe der „Thementische".

19 Lächelvirus

– Lächeln macht Laune und steckt an

Zeit ◆ ein paar Sekunden
Material ◆ —

So geht es:

1. Alle Schüler sitzen ernst an ihren Plätzen.
2. Ein Schüler beginnt: Er stellt sich vor einem anderen Mitschüler auf. Diesen lächelt er nun besonders freundlich an.
3. Angesteckt von diesem freundlichen Lächeln, wandern nun beide Kinder zu zwei weiteren Kindern und stecken auch diese mit dem Lächelvirus an.
4. Nun sind es schon vier, acht, sechzehn … Kinder – das Spiel wird so lange fortgesetzt, bis alle Kinder mit dem Virus infiziert sind und anschließend wieder (natürlich lächelnd) auf ihrem Platz sitzen.

Tipp!

❖ Stoppen Sie die Zeit: Wie schnell schafft es die Klasse, dass alle freundlich lächeln?

20 Fang das Lächeln!

– Lächeln macht Laune und entspannt

Zeit ◆ ca. 5 Minuten
Material ◆ —

So geht es:

1. Alle Kinder sitzen im Stuhlkreis und machen ernste Gesichter.
2. Bestimmen Sie ein Kind, das mit dem Spiel beginnt: Es blickt nun einen Mitschüler an, zaubert ein deutliches Lächeln auf sein eigenes Gesicht und wirft es darauf dem angeschauten Mitschüler zu.
3. Der fängt es anschließend auf (darf ruhig durch entsprechende Gesten: kräftig blinzeln, den Kopf zurückneigen … unterstrichen werden), „verarbeitet“ dieses Lächeln (schlucken, leicht den Kopf schütteln …) und wirft es nun weiter zu einem anderen Kind.
4. Der Schüler, der das Lächeln abgegeben hat, wird natürlich wieder ernst!

Tipp!

❖ Besonders spaßig wird das Spiel, wenn es durch übertriebene Gesten und Mimik begleitet wird:
   - Beim „Werfen“ des Lächelns z. B. mit dem Kopf kreisen, um Schwung zu holen, tief Luft holen …
   - Beim Fangen des Lächelns z. B. zunächst erstaunt gucken, den Kopf zurückneigen, kräftig blinzeln.
   - Beim Verarbeiten des Lächelns z. B. deutlich schlucken, sich schütteln, Schultern kreisen …

21 Zulächeln

– Lächeln macht Laune und entspannt

Zeit ◆ ca. 5 Minuten
Material ◆ —

So geht es:

Gespielt wird dieses Spiel entsprechend den Regeln für „Zublinzeln“:

1. Die Hälfte der Kinder sitzt mit Stuhl im Sitzkreis.
2. Ein Stuhl wird dazugestellt – dieser bleibt frei!
3. Jedem sitzenden Kind ordnet sich jeweils ein Kind zu, das sich dahinter aufstellt.
4. Ein Kind stellt sich hinter dem freien Stuhl auf und versucht nun, ein sitzendes Kind durch betontes Lächeln zu sich zu locken. Das angelächelte Kind versucht, zu dem freien Platz zu laufen, das dahinterstehende Kind versucht, es jedoch festzuhalten: Wer hat besser aufgepasst und ist schneller?

3

Wir beugen Streitigkeiten vor oder klären sie respektvoll

In der Schule kommt es täglich zu Streitigkeiten, die häufig handgreiflich oder mit der Benutzung von Schimpfwörtern einhergehen. Die Gründe hierfür sind zahlreich, wobei es sich auch oft um Missverständnisse handelt. Viele Schüler fühlen sich sehr schnell angegriffen, da ihnen der richtige Blick für ihre Mitschüler fehlt.
Durch persönliche Informationen lernen die Kinder sich besser kennen.
Das Feststellen von Unterschieden und Gemeinsamkeiten in ihren Interessen trägt deutlich zur Akzeptanz des Andersseins der Mitschüler bei.
Indem die Kinder lernen und üben, ihrem Gegenüber wirklich zuzuhören, können Missverständnisse vermieden werden. Sie konzentrieren sich auf den anderen, beachten ihn und werden beachtet.
Durch die Thematisierung und Überlegung – „Was macht uns wütend oder aggressiv?" – werden die Streitauslöser verbalisiert und öffentlich gemacht, sodass jeder Bescheid weiß und sich entsprechend vorsichtig verhalten kann.
Beim gezielten Kräftemessen können eventuell aufgestaute Gefühle zugelassen und herausgelassen werden. Die Schüler erfahren Möglichkeiten, in einer Wutsituation wieder „runterzukommen".
Sich miteinander sprachlich auseinandersetzen und andere Meinungen zulassen ist ein wichtiger Bestandteil des schulischen Lebens. Es geht auch ohne Schimpfwörter. Schüler beziehen Stellung und diskutieren. Sie lernen dabei, sich angemessen zu äußern und die anderen Kinder zu akzeptieren und ihre Meinungen zu respektieren.

Im Folgenden finden Sie einen Überblick zu den einzelnen Handlungsideen:
- Anderssein akzeptieren
- Aktives Zuhören
- Streiten und Gefühl
- Streiten und Sprache

22 Wer bin ich?

– Ich bin nicht ich!

Zeit ◆ ca. 5–10 Minuten
Material ◆ Namenskärtchen

So geht es:

1. Lassen Sie einen Schüler den Namen eines Mitschülers ziehen. Er schlüpft in die Rolle dieses Kindes.
2. Der Schüler nimmt auf einem Stuhl vor der Klasse Platz.
3. Seine Mitschüler stellen ihm Fragen, um seine Identität herauszubekommen.
4. Der Schüler darf diese Fragen nur mit *„Ja"* oder *„Nein"* beantworten.

Tipp!

❖ Je nachdem, wie schnell die Identität des Schülers aufgedeckt ist, kann ein weiteres Kind ein Kärtchen ziehen.

23 Unterschiede und Gemeinsamkeiten

– Ich – Wir – Du

Zeit ◆ ca. 10 Minuten
Material ◆ Symbolkärtchen (z. B. Tiere, Buchstaben, Farben …), DIN-A3-Blätter (Kopiervorlage, S. 39), Stifte

So geht es:

1. Teilen Sie anhand der Symbolkärtchen die Arbeitspartner zu. Die Schüler arbeiten zu zweit.
2. Stellen Sie das Thema vor, z. B.:
   - Was magst du gern? – Was mögt ihr beide gern?
   - Was kannst du gut? – Was könnt ihr beide gut?
   - Was hast du in den Ferien gemacht? – Was habt ihr beide gemacht?
   - …
3. Die Kinder notieren Unterschiede und Gemeinsamkeiten (Schnittmenge) auf dem Arbeitsblatt.
4. Die Partner stellen ihr Ergebnis der Klasse vor.

Tipp!

❖ Die Themen für diese Übung lassen sich in vielen Bereichen finden:
- Spiele
- Bücher
- Sport
- Popstars
- Wochenenderlebnisse …

24 Faules Ei

– Ratespiel mit Spaßfaktor

Zeit ◆ ca. 10 Minuten
Material ◆ Ei (aus Plastik oder Holz)

So geht es:

1. Die Schüler sitzen im Kreis.
2. Ein Schüler bekommt das „faule Ei" und beginnt. Er stellt nun Behauptungen bezüglich seiner Person auf.
3. Sein rechter Sitznachbar hört zu, wenn er bei einer Behauptung eine Flunkerei vermutet, sagt er *„falsch"*.
4. Hat er recht, behält das Kind das faule Ei und darf sein Glück beim nächsten Schüler versuchen. Hat dieser unrecht, bekommt er nun das faule Ei und muss seinerseits versuchen, das faule Ei bei einem Mitspieler loszuwerden.

Tipps!

❖ Legen Sie vor Beginn des Spiels den Zeitrahmen bzw. eine Anzahl der Behauptungen fest (z. B. nach drei Behauptungen muss eine Lüge dabei gewesen sein und das Ei wird auf jeden Fall weitergegeben).

❖ Mögliche Erzählimpulse können sein:
Erlebnisse, Urlaube, besondere Fähigkeiten, Lieblingsfilme, Lieblings-…, Familie etc.

25 Morgenkreis mit Partnerinterview

– Interessiertes Zuhören und Erzählen

Zeit ◆ ca. 20 Minuten
Material ◆ ggf. Symbolkarten

So geht es:

1. Teilen Sie zu Beginn der Schulwoche die Erzählpartner zu oder losen Sie sie aus.
2. Die Partner erzählen sich gegenseitig ihre Wochenenderlebnisse. Es können auch Fragen gestellt werden.
3. Anschließend treffen sich alle Schüler im Morgenkreis. Jedes Kind berichtet der Klasse von den Erlebnissen seines Partners.

Tipp!

❖ Sie können diese Übung auch für andere Erzählsituationen nutzen, z. B. im Abschlusskreis am Ende eines Schultages, im täglichen Morgenkreis …

26 Echo

– Aktives Zuhören

Zeit ◆ ca. 5–10 Minuten
Material ◆ —

So geht es:

1. Die Schüler sitzen im Stuhlkreis.
2. Ein Kind beginnt und teilt seinen Mitschülern etwas mit (z. B. über seinen Gefühlszustand, seine Hobbys, seine Ansichten …).
3. Der rechte oder linke Sitznachbar wiederholt nun das, was das Kind gesagt hat, und fügt einen eigenen Beitrag hinzu. (*„Lukas ist heute fröhlich, weil er mit seinem Freund zur Schule gegangen ist. Ich bin heute traurig, weil …"*)
4. Der folgende Schüler wiederholt jetzt ebenfalls den vorangegangenen Beitrag (aber nur diesen letzten) und teilt etwas Eigenes mit.
5. Die Übung ist beendet, wenn alle Schüler an der Reihe waren.

Tipp!

❖ Sie können die Schüler auch sich gegenüber in zwei Reihen aufstellen und abwechselnd in einer „Zickzacklinie" das Echo weitergeben lassen.

27 Assoziationskette

– Gemeinsam fantasieren

Zeit ◆ ca. 5–10 Minuten
Material ◆ —

So geht es:

a) **„Aufbau" (einfache Version)**
Die Kinder sitzen im Stuhlkreis (möglichst groß anordnen). Geben Sie ein Thema bzw. Wort vor (z. B. Zoo). Der Schüler, der beginnt, steht auf, setzt sich in die Mitte des Kreises und sagt z. B.: *„Ich bin ein Affe."* Ein beliebiger Schüler geht nun zu ihm und sagt: *„Ich bin der Baum, auf den du klettern kannst."* ... Das Spiel ist beendet, wenn alle Schüler „verbaut" sind.

b) **„Austausch" (anspruchsvolle Version)**
In diesem Spiel dürfen sich nur drei Kinder in der Mitte des Kreises befinden, sodass immer wieder eines „ausgetauscht" werden muss, z. B. sagt das erste Kind: *„Ich bin eine Schokolade."* Das nächste sagt: *„Ich bin das Papier."* Ein weiteres sagt: *„Ich bin eine Kakaobohne."* Das vierte Kind sagt dann: *„Ich bin eine Mühle und zermahle die Kakaobohne."* Die „Kakaobohne" wird so durch die „Mühle" ersetzt und die Kinder tauschen ihre Plätze. Das nächste Kind sagt: *„Ich bin ein Mädchen und esse die Schokolade auf."* Nun tauschen diese Kinder. In der Kreismitte sind nun: „Mühle", Mädchen" und „Papier". Nach und nach ersetzen die Kinder so die Spieler in der Kreismitte. Das Spiel kann nach einer bestimmten Zeit beendet werden.

c) **„Freies Spiel" (Kombination aus Version a und b)**
Hier kann der Aufbau und Abbau der Assoziationskette frei von den Schülern gestaltet werden.

28 Wut-Hitliste

– Alles, was wütend macht

Zeit ◆ ca. 15–20 Minuten
Material ◆ kleine Zettel, Stifte, rotes Tuch, Tonpapier

So geht es:

1. Jeder Schüler schreibt auf kleine Zettel Dinge bzw. Situationen, die ihn wütend machen.
2. Die beschrifteten Zettel werden unter einem roten Tuch, das auf dem Boden liegt, gesammelt. Sind alle Schüler fertig, treffen sie sich im Stuhlkreis. (Das rote Tuch liegt in der Mitte.)
3. Nacheinander werden die Zettel unter dem Tuch hervorgeholt, vorgelesen und sortiert. Die Schüler stellen dabei fest, dass es Dinge gibt, die mehrere Kinder wütend machen.
4. Die Kinder fassen dies in einer „Wut-Hitliste" zusammen, die auf einem Plakat präsentiert werden kann.

Tipp!

❖ In einem abschließenden Blitzlicht können die Kinder die Konsequenzen für ihr Verhalten im Umgang mit ihren Mitschülern verbalisieren, die sie aus der „WutHitliste" ziehen.

29 Bomben entschärfen

– Wut loswerden

Zeit ◆ ca. 5 Minuten
Material ◆ 1 Luftballon

So geht es:

1. Die Schüler sitzen im Stuhlkreis. Sie halten in Ihrer Hand den Luftballon.
2. Jedes Kind nennt etwas, das es wütend macht, z. B.:
   - Dinge, die wütend machen
   - Wörter, die wütend machen
   - etwas, über das man sich geärgert hat
   - schlechte Gedanken
   - …
3. Die Kinder packen fiktiv ihre Wutauslöser in den Luftballon.
   Bei jeder Schüleräußerung pusten Sie den Ballon ein bisschen mehr auf.
4. Anschließend lässt ein Schüler ihn los – zusammen mit dem Ballon fliegen nun auch alle wütenden Gedanken einfach davon!

Tipps!

- Gut einzusetzen ist das „Bomben entschärfen" in aktuellen Streitsituationen, wie z. B. nach der Pause, nach dem Sportunterricht …
- Sie können den Ballon auch mit einem wütenden Gesicht bemalen.

30 Kräfte messen

– Bewegung mit Power

Zeit ◆ ca. 10 Minuten
Material ◆ Kreide, dickes Seil oder Tau

So geht es:

„Ringen und Kämpfen" bietet den Kindern die Möglichkeit, kontrolliert ihre Kräfte miteinander zu messen. Diese Übung können Sie im Rahmen einer Unterrichtseinheit einführen und immer wieder zwischendurch im Sportunterricht einsetzen.
Die folgenden Übungen lassen sich auf dem Schulhof durchführen:

1. Für das Spiel „Aus dem Kreis schieben" markieren Sie auf dem Schulhof mit Kreide einen großen Kreis. Zwei Kinder gehen in den Kreis und versuchen, sich gegenseitig aus dem Kreis zu schieben. Sobald ein Kind die Kreislinie übertreten hat, sind zwei andere Kinder an der Reihe.
2. Für das Spiel „Über die Linie ziehen" markieren Sie auf dem Schulhof mit Kreide eine Linie. Zwei Schüler stehen sich gegenüber, zwischen ihnen befindet sich die Linie. Sie versuchen nun, sich gegenseitig über die Linie zu ziehen. Hat ein Kind die Linie überschritten, sind zwei andere an der Reihe.
3. „Tauziehen" ermöglicht allen Kindern gleichzeitig, ihre Kräfte zu messen. Zeichnen Sie eine Linie mit Kreide auf den Schulhof und teilen Sie die Klasse in zwei Gruppen ein. Beide Gruppen nehmen je eine Seite des Seiles und versuchen, die anderen über die Linie zu ziehen.

Tipp!

❖ Diese Übungen lassen sich auch gut einsetzen, um aufgestaute Aggressionen abzubauen. Als weitere bekannte Übungen bieten sich auch „Armdrücken" oder „Fingerhakeln" an.

31 Schimpfwörter adé

– Weg mit den ungeliebten Wörtern

Zeit ◆ ca. 10 Minuten
Material ◆ kleine Zettel, Stifte

So geht es:

1. Die Schüler schreiben auf kleine Zettel Schimpfwörter, die sie kennen und benutzen.
2. Anschließend sollen diese vorgelesen und besprochen werden: Was sind das für Wörter? Welche Bedeutung haben sie? Welche Gefühle lösen sie aus?
3. Anschließend werden die Zettel zerknüllt und landen dort, wo sie hingehören: im Müll!
4. Der Klassen-Mülleimer muss sofort in die große Mülltonne entleert werden. Die Schimpfwörter sind somit entsorgt und können nicht mehr benutzt werden. Ein Recycling ist in diesem Fall absolut unerwünscht!

Tipp!

❖ Für die Kinder ist es häufig sehr schwer und auch unangenehm, die Wörter laut vorzulesen oder die Bedeutung zu klären: Wir halten genau das für sehr wirkungsvoll, um reflektieren zu können, in welchen Situationen Schimpfwörter benutzt werden – nämlich dann, wenn eine Situation emotional sehr aufgeladen ist.
Ansonsten sind auch aus der Sicht der Schüler Schimpfwörter einfach nur sehr peinlich!

32 Knalltüte

– Schimpfwörter entsorgen

Zeit ◆ ca. 10 Minuten
Material ◆ 1 Butterbrottüte, bunte Stifte

So geht es:

1. Die Schüler sitzen im Stuhlkreis. Die Papiertüte liegt in der Mitte.
2. Jedes Kind darf ein letztes Mal ein Schimpfwort sagen und es auf die Papiertüte schreiben.
3. Haben alle Schüler ihr Schimpfwort aufgeschrieben, wird ein Kind bestimmt, dass die Papiertüte aufpustet und anschließend durch Daraufhauen zum Platzen bringt. Die Schimpfwörter sind vernichtet!

Tipp!

❖ In der Phase, in der die Kinder die Schimpfwörter ein letztes Mal sagen, ist damit zu rechnen, dass es unruhiger aufgrund der Reaktion der Mitschüler wird. Sie können dies vermeiden, indem die Wörter nur auf die Tüte geschrieben werden und auf die Aussprache verzichtet wird.

33 Streitsieger

– Pro und Kontra

Zeit ◆ ca. 5–10 Minuten
Material ◆ Stühle, Zettel

So geht es:

1. **Podiumsdiskussion**
   Im vorderen Bereich des Klassenraumes stellen Sie zwei Stühle sich gegenüber auf. Sie wählen ein Diskussionsthema aus (z. B. Hausaufgaben sind wichtig). Zwei Kinder werden bestimmt, die jeweils die Pro- und Kontra-Position vertreten und auf den Stühlen Platz nehmen. Die Diskussionspartner müssen nicht selbst dieser Meinung sein. In der Übung sollen sie die ihnen zugeteilte Position glaubhaft vertreten.

2. **Statements**
   Die Schüler sitzen im Kreis. In der Mitte steht ein weiterer Stuhl. Nach der Vorstellung des Diskussionsthemas steht ein beliebiger Schüler auf, setzt sich auf den Stuhl in der Mitte und gibt sein Statement dazu ab. Im Folgenden setzen sich immer abwechselnd die Schüler auf den Diskussionsstuhl und sagen ihre Meinung zu dem, was der Vorgänger gesagt hat. Hier ist keine Reihenfolge nötig. Die Kinder entscheiden selbst, ob sie etwas zu sagen haben.

3. **Diskussionscenter**
   Bereiten Sie einen Kreis aus fünf Stühlen vor. Schreiben Sie auf einen Zettel das Thema der Diskussion und legen Sie ihn in die Mitte des Stuhlkreises. Fünf Kinder nehmen auf den Stühlen Platz, die übrigen stehen um den Kreis herum. Die Diskussion beginnt. Die Kinder, die nicht im Kreis sitzen, haben die Möglichkeit, zu einem Statement Stellung zu nehmen, indem sie mit diesem Kind den Platz tauschen und sich auf seinen Stuhl setzen.

Tipp!

❖ Geben Sie vor Beginn der Diskussion einen Zeitrahmen vor.

34 Meckermappe

– Schlechte Gefühle und Ärger loswerden

Zeit ◆ immer zwischendurch
Material ◆ Mappe mit Blättern oder Collegeblock oder Kladde

So geht es:

1. Legen Sie eine Meckermappe an. Diese kann auch von den Kindern gestaltet werden.
2. Die Meckermappe liegt jederzeit griffbereit im Klassenraum.
3. Die Schüler schreiben hier ihre Beschwerden hinein. Alles, was sie bedrückt oder ärgert, darf notiert werden. Wichtig: Natürlich sind Beschimpfungen auch in der Meckermappe nicht erlaubt.
4. Auch während des Unterrichts ist das Schreiben in die Meckermappe erlaubt. So können die Kinder ihre Beschwerden loswerden, ohne den Unterrichtsablauf der Klasse zu beeinflussen.

Tipp!

❖ Am Ende des Schultages geben Sie den Kindern, z. B. im Abschlusskreis, die Möglichkeit, über ihre Beschwerden zu sprechen. Oft hat sich das Problem mit der Verschriftlichung bereits erledigt.

4

Wir respektieren fremdes Eigentum und schätzen unsere Lernumgebung

Die Schule und auch das Klassenzimmer sind Orte, an denen ein großer Teil des gemeinsamen schulischen Lernens und Lebens stattfindet. Es treffen viele unterschiedliche Kinder zusammen, die sich diesen begrenzten Raum miteinander teilen und sich arrangieren müssen. Die Schüler müssen also auch lernen, das Eigentum der Mitschüler zu respektieren. Sie müssen erkennen, dass auch Gedanken oder eben auch schulisches Eigentum (Tische und Stühle, Pausenspielzeug …) einen rücksichtsvollen und respektvollen Umgang verdient.
Indem die Kinder sich über eigenen und fremden Besitz bewusst Gedanken machen, erleben sie natürlich die starke emotionale Seite, die mit Besitztümern verbunden ist.
Vielen Kindern fällt es schwer, Dinge wertzuschätzen und sich in Acht zu nehmen – Was kaputt ist, landet im Müll und es wird eben einfach neu gekauft!
Die Schüler sollen sich mit dem Lernort identifizieren und ihn wertschätzen.
Wir halten es für sehr sinnvoll, möglichst viel mit den Schülern gemeinsam zu gestalten, sodass gemeinsamer Besitz entsteht, für den man gern die Verantwortung übernimmt.

Im Folgenden finden Sie einen Überblick zu den einzelnen Handlungsideen:

- Eigentum bewusst wahrnehmen – Verantwortung übernehmen
- Gemeinsamen Besitz erschaffen – Lernumgebung gestalten

35 Gedankenschatzkiste

– Gedanken sind Eigentum … zum Teilen oder auch nicht!

Zeit ◆ nach Belieben
Material ◆ 1 kleiner Karton pro Kind

So geht es:

1. Die Schüler gestalten aus dem Karton eine kleine Schatzkiste. Dabei können Sie das Äußere und Innere der Kiste bemalen, bekleben …
2. Ähnlich wie beim Tagebuch sammeln die Kinder in dieser Schatzkiste Gedanken, Erlebnisse, Gefühle (z. B. im Anschluss an den Erzählkreis vom Wochenende oder einfach mal zwischendurch) Auch kleine Gegenstände, die mit besonderen Erinnerungen verbunden werden, können darin aufbewahrt werden.
3. Ein fremder Blick in die Schatzkiste ist absolut tabu (auch für Lehrer!), jedenfalls ohne vorherige Erlaubnis – darüber entscheiden die Kinder selbst!

Tipp!

❖ Wenn Sie auf das Basteln der Kiste verzichten wollen, lässt sich stattdessen auch einfach ein kleines Schreibheft benutzen – kleben Sie auf das Deckblatt einfach eine Schatzkiste (s. S. 94) und überlassen Sie den Kindern die weitere Gestaltung.

36 MEINS – DEINS

– Jeder Mensch besitzt spezielle Eigentümer

Zeit ◆ 10–15 Minuten
Material ◆ Zettel, Stift

So geht es:

1. Jeder Schüler hat die Aufgabe, etwas zu beschreiben oder zu malen, das ihm selbst gehört und ihm wichtig ist (keine Geheimnisse!): Worum handelt es sich? Wie sieht es aus? Woher kommt es? …
2. Die fertiggestellten Zettel werden gefaltet, eingesammelt und somit durchmischt.
3. Anschließend wird der Reihe nach gezogen und der Zettel gezeigt oder vorgelesen. Nun wird vermutet, um wessen Besitz es sich handeln könnte.

37 Tauschbörse für einen Tag

– Fremden Besitz respektvoll behandeln

Zeit ◆ ein Tag
Material ◆ Dinge, die die Schüler mitbringen

So geht es:

1. Kündigen Sie die Tauschbörse für einen Tag vorher an.
2. Jedes Kind, das teilnehmen möchte, benötigt dafür einen kleinen Gegenstand (Spielzeug, Kuscheltier, CD, Buch …), den es bereit wäre, für einen (Schul-)Tag zu tauschen.
3. Besprechen Sie mit den Kindern: Wie gehe ich mit fremden Besitztümern um? Wie erwarte ich meinen eigenen Gegenstand zurück? Legen Sie Regeln fest!
4. Sind am folgenden Tag alle Kinder bereit zum Tauschen, beginnt die Börse und somit die Verhandlungen: Wer möchte was haben? Findet jeder etwas, für das sich das Tauschen lohnt? Es wird natürlich niemand gezwungen und jeder darf sich natürlich auch vom Tauschgeschäft kurzfristig zurückziehen!
5. Am Ende des Tages (oder am nächsten Tag) sollte eine kleine Reflexion stattfinden: Sind alle mit dem Ablauf und auch ihren eingetauschten und zurückerhaltenen Dingen zufrieden?

Tipp!

❖ Die erste Tauschbörse ist sicherlich ratsam, nur während des Schultages stattfinden zu lassen, sodass noch keine Dinge mit nach Hause genommen werden.

38 Essen kunterbunt

– Jeder Teilnehmer profitiert von anderen und steuert etwas bei

Zeit ◆ —
Material ◆ leckere Kleinigkeiten

So geht es:

a) Picknickstunden mit „Mini-Büfett"

1. Führen Sie ab und zu einfach mal „Picknickstunden" durch und kündigen Sie diese einen Tag vorher an.
2. Jedes Kind bringt eine Kleinigkeit (Obst, Gemüse, Knabberei ...) mit in die Schule. Besprechen Sie mit den Kindern, dass es sich wirklich um Kleinigkeiten bzw. geringe Mengen handeln soll!
3. Die Leckereien werden als kleines Mini-Büfett aufgebaut, von dem sich die Kinder während einer Arbeitsphase bedienen können.

b) Offenes Frühstück

1. Führen Sie ab und zu einfach mal ein offenes Frühstück durch und kündigen Sie dieses einen Tag vorher an (ggf. bereiten sich die Kinder ein wenig auf das Tauschen vor).
2. Bei der Durchführung des Frühstücks ist ein Teilen und Tauschen der Vorräte nicht nur erlaubt, sondern hochgradig erwünscht!

39 Ausleihbüro

– Geliehene Dinge wertschätzen

Zeit ◆ —
Material ◆ Bleistifte, Buntstifte, Kleber, Radiergummi, Schere, 1 leeres Heft

So geht es:

1. Stellen Sie verschiedene Schulmaterialien, die häufig vergessen werden, in einer Ecke des Klassenzimmers in einem Ausleihbüro bereit (Finanzierung ggf. durch die Klassenkasse).
2. Zusätzlich liegt in dem Büro selbstverständlich ein „Geschäftsbuch" bereit!
3. Jeder, der etwas ausleiht, muss auf jeden Fall in das Geschäftsbuch schreiben: Name, Datum, was wurde geliehen?, einen „Danke-Kommentar", Vorsätze …

Tipps!

- In unseren Klassen haben wir zusätzlich zu Ausleihscheren und Kleber auch „Ausleihfedermappen" (kleine Kisten mit Bleistiften, Buntstiften, Radierer und Anspitzer) – auf diese Weise erspart sich für die Kinder so manche Rennerei und auch die ordnungsgemäße Rückgabe lässt sich etwas leichter überblicken.
- Kinder, die sehr häufig im Geschäftsbuch auftauchen, sollten natürlich irgendwann auch für „Nachschub" für das Ausleihbüro sorgen!

40 Wanderbuch

– Ausleihen macht Spaß, wenn es geschätzt wird

Zeit ◆ —
Material ◆ Bücher, die die Schüler mitbringen, kleine Kärtchen (Karteikarten DIN A7)

So geht es:

1. Jedes Kind bringt ein eigenes Buch von zu Hause mit, dass es bereit wäre, zu verleihen.
2. In dieses Buch wird ein Kärtchen gelegt oder geheftet (s. S. 59).
3. Jeder, der sich das Buch eines Mitschülers ausleiht, muss anschließend einen persönlichen Kommentar auf die Karte schreiben.
4. Der Besitzer des Buches darf anschließend auch den „Ausleiher“ bewerten, indem er beurteilt, in welchem Zustand sich das Buch nach Rückgabe befindet. Dazu kann er ggf. 1, 2, 3 ... Sterne verteilen.

Tipps!

- Zum Einheften der Karte können Sie Büroklammern verwenden.
- Alternativ können Sie kostengünstige Einsteckhilfen so vorbereiten, indem Sie die Ecke eines Briefumschlags abschneiden und in das Buch einkleben.

Beispiel für eine Wanderbuch-Karte

1. Name: ______________________

Datum: ______________________

Persönliche Worte für den Besitzer:

____
____
____
____
____
____

Ausleihbewertung: ☆ ☆ ☆ ☆ ☆

2. Name: ______________________

Datum: ______________________

Persönliche Worte für den Besitzer:

____
____
____
____
____
____

Ausleihbewertung: ☆ ☆ ☆ ☆ ☆

3. Name: ______________________

Datum: ______________________

Persönliche Worte für den Besitzer:

____
____
____
____
____
____

Ausleihbewertung: ☆ ☆ ☆ ☆ ☆

4. Name: ______________________

Datum: ______________________

Persönliche Worte für den Besitzer:

____
____
____
____
____
____

Ausleihbewertung: ☆ ☆ ☆ ☆ ☆

ISBN 978-3-8346-2589-2 | www.verlagruhr.de

41 Erlebnisbaum

– Gemeinsamer Besitz entsteht durch gemeinsame Erlebnisse

Zeit ◆ 15 Minuten
Material ◆ möglichst großes Hintergrundpapier (2-mal DIN A2 zusammenkleben), Tonpapier in braun, Umrisse von Laubblättern zum Beschriften (s. S. 61)

So geht es:

1. Kleben Sie die großen Tonpapierbögen für den Hintergrund zusammen. Die Größe des Baumes sollten Sie davon abhängig machen, wie lange bzw. dauerhaft Sie die Arbeit an dem Erlebnisbaum fortsetzen möchten.
2. Schneiden Sie aus dem braunen Tonpapier einen Baumstamm aus und kleben diesen auf das Hintergrundpapier und kopieren Sie einige Blätterumrisse.
3. Stellen Sie das „Baumgerippe" Ihrer Klasse als Klassenerlebnisbaum vor: Indem die Kinder schöne Erlebnisse (auch Partner-Gruppen oder Klassenerlebnisse) auf die Blätter schreiben und diese in die Baumkrone einkleben, lassen Sie den Baum von nun an fortlaufend wachsen.

Tipps!

- Legen Sie immer ein paar Kopiervorlagen in der Freiarbeitsecke bereit, sodass die Kinder auch zwischendurch die Möglichkeit haben, Erlebnisblätter zu gestalten.
- Kleben Sie auch Fotos von gemeinsamen Erlebnissen in die Baumkrone.
- Besonders tolle gemeinsame Klassenerlebnisse (Feiern oder Wandertage ...) können natürlich auch auf Blüten oder Früchte geschrieben werden.

42 Klassendekotag

– Selbst gebastelte Fensterdeko erhöht den Wohlfühlfaktor

Zeit ◆ 1 – 2 Schulstunden
Material ◆ Tonpapier in verschiedenen Farben, Schere, Kleber

So geht es:

Lassen Sie die Kinder die Fenster in Ihrer Klasse ohne Schablonen oder Bastelvorlagen gestalten.

1. Legen Sie ein Thema für die Gestaltung des Fensters fest (s. Tipps) und sammeln Sie gemeinsam mit den Kindern Ideen zu diesem Thema.
2. Jedes Kind arbeitet frei nach seinem Können und stellt Teile für das Gesamtfensterbild her.
3. Kleben Sie fertiggestellte Teilbilder möglichst schon während der Arbeitsphase auf: Den Kindern macht es viel Freude, das Bild „wachsen" zu sehen.

Tipp!

❖ Mögliche Ideen für die Fenstergestaltung:
- Frühling, Sommer, Herbst, Winter
- Hobbys und Freizeit (Hier ist es möglich, die Kinder in Gruppen einzuteilen, die zu verschiedenen Bereichen arbeiten: auf dem Spielplatz, auf dem Fußballfeld, Ausflug in den Wald …)
- Treffen der Waldtiere, Besuch im Zoo (auch hier ist eine Gruppenteilung möglich: im Tropenhaus, bei den Elefanten, im Affenhaus …)
- Unterwasserwelt

43 Klassentagebuch

– Jeder trägt einen Teil zum Gesamtprodukt bei

Zeit ◆ —
Material ◆ ein (möglichst schöner, stabiler) Ringbuchblock DIN A4

So geht es:

Führen Sie gemeinsam mit den Schülern ein Klassentagebuch bzw. Klassenwochenbuch:

1. Beschriften bzw. gestalten Sie den Ringbuchblock mit einer passenden Aufschrift!
2. Jeweils zum Wochenende nimmt immer ein Schüler das Wochenbuch mit nach Hause und gestaltet eine Seite zur vorangegangenen Woche: Darin könne positive und negative Erlebnisse festgehalten werden.
3. Am Montag startet die neue Woche mit einem kurzen Wochenrückblick, indem die Kinder ihre gestaltete Seite vorstellen.

44 Wandermaskottchen

– Rücksichtsvoll mit gemeinsamem Besitz umgehen

Zeit ◆ —

Material ◆ 1 Kuscheltier/Figur, die sich als Klassenmaskottchen eignet, 1 leeres Heft

So geht es:

1. Besorgen Sie ein Maskottchen für die Klasse, das die Schüler am Wochenende mit nach Hause nehmen dürfen. In den Klassen 3/4 sollte dieses natürlich nicht mehr zu niedlich sein, sondern eher witzig oder cool.
2. Entscheiden Sie mit den Schülern gemeinsam über einen Namen für das Maskottchen.
3. Jeweils zum Ende der Woche darf ein Kind das Maskottchen mitnehmen. Das kleine Heftchen dient als „Logbuch", in das eingetragen wird: Was war los am Wochenende?

Tipps!

❖ Lassen Sie die Erlebnisse aus der Sicht des Maskottchens aufschreiben – das macht die Sache etwas „erwachsener".

❖ Sie könnten auch ein Foto des Maskottchens vorn auf das Deckblatt aufkleben und für die Wochenendeinträge mit Sprech- oder Denkblasen arbeiten.

45 „CARE"lchen

– Verantwortung übernehmen mit Spaßfaktor

Zeit ◆ —
Material ◆ 1 Kuscheltier/Figur, die sich als „Care"lchen eignet, 1 leeres Heft, Auftragskarten

So geht es:

1. Besorgen Sie ein Carelchen und bereiten Sie mehrere Auftragskarten vor.
2. Stellen Sie der Klasse das neue Maskottchen mit Pflegebedarf vor: Jeden Tag gibt es eine nicht so ganz ernste Aufgabe, die während des Schultages für dieses Maskottchen erfüllt werden muss (s. S. 66).
3. Legen Sie jeweils Partnergruppen fest, die den Pflegedienst übernehmen.
4. Geben Sie eine Aufgabe vor oder lassen Sie eine Aufgabe ziehen.
5. Die erledigte Arbeit muss natürlich noch in einem Pflegebuch vermerkt werden:
   - Welche Aufgaben habt ihr erledigt?
   - Wie schätzt ihr den Wohlfühlfaktor für das Maskottchen heute ein? (Selbsteinschätzung durch Vergabe von z. B. Sternen, Punkten etc.)

Tipps!

- Die Pflege für das Maskottchen muss natürlich nicht täglich stattfinden. Sie könnten auch einfach „Pflegetage" einrichten
- Zusätzliche Tipps für Carelchen-Aufgaben:
  - Carelchen will während des Unterrichts auf dem Schoß sitzen.
  - Carelchen will heute andere Klassen kennenlernen.
  - Carelchens Ecke muss aufgeräumt werden.
  - Carelchen will heute fünf neue Kinder kennenlernen.

Carelchen benötigt heute dringend ein paar Kuscheleinheiten: Überlegt euch, wie ihr das auch während des Unterrichts schafft!	Carelchen will heute etwas lernen: Überlegt euch, wie ihr ihn am Unterricht teilnehmen lasst!
Carelchen braucht heute dringend frische Luft: Überlegt euch, wie ihr das schaffen könnt!	Carelchen braucht heute viel Ruhe: Achte darauf, dass die Klasse heute leise genug arbeitet, und erinnere sie, falls sie es nicht tut!
Carelchen braucht heute ein gemütliches Plätzchen: Gestaltet für ihn einen Platz zum Wohlfühlen!	Carelchen will heute mit in die Pause!
Carelchen hat sich verletzt: Überlegt euch, wie ihr ihn verarzten wollt!	Carelchen will heute beim Essen dabei sein!
Carelchen ist sein Stammplatz heute zu langweilig: Setzt ihn immer wieder an verschiedene Orte, von wo aus er den Unterricht beobachten kann!	Carelchen hat heute Lust zum Versteckenspielen: Versteckt ihn zwischendurch immer wieder – der Rest der Klasse muss suchen!
Carelchen will heute Urlaub machen: Such ihm heute für eine Stunde eine andere geeignete Klasse!	Carelchen findet seinen Stammplatz heute zu langweilig: Richte ihm für heute in der Klasse einen anderen tollen Platz ein!

ISBN 978-3-8346-2589-2 | www.verlagruhr.de

46 Aufräumhit

– Gemeinsames Aufräumen mit Schwung macht Spaß

Zeit ◆ 5 Minuten
Material ◆ schwungvolles Lied

So geht es:

Bringen Sie ein wenig Schwung in das häufig eher schleppend vorangehende Aufräumen:

1. Halten Sie Ausschau nach einem Lied (es sollte auf jeden Fall eine „Up-Tempo-Nummer" sein), dass sich als Aufräumhit eignet.
2. Setzen Sie den Aufräumhit nach materialintensiven Arbeitsphasen ein.
3. Starten Sie das Lied einfach ohne weitere Aufforderung: Sobald die Kinder das Intro hören, beginnt die Aufräumphase.
4. Sobald der letzte Akkord verklingt, sollte der Klassenraum aufgeräumt sein und jedes Kind wieder leise auf dem Platz sitzen.

Tipps!

❖ Wechseln Sie nach einiger Zeit wieder den Aufräumhit, die Kinder erwarten einen Wechsel immer mit Spannung.

❖ Neben aktuellen Chart-Hits, eignet sich besonders gut: „One step beyond" von Madness oder auch „Final countdown" (Luftgitarrensolo macht den Kindern sehr viel Spaß!) von Europe.

47 Der magische Schnipsel

– Gemeinsames Aufräumen mit zusätzlicher Motivation

Zeit ◆ Dauer einer Aufräumphase
Material ◆ 1 kleiner Preis (Gummibärchen, Sticker …)

So geht es:

1. Schauen Sie sich gegen Ende einer materialintensiven Arbeitsphase genau um: Legen Sie für sich im Stillen ein ganz bestimmtes herumliegendes Schnipselchen Papier fest (oder ein anderes herumliegendes Element). Sie können es auch hinter der Tafel aufschreiben.
2. Kündigen Sie nun das Spiel an und stellen Sie auch den zu gewinnenden Preis vor.
3. Alle räumen nun gemeinsam auf, während Sie genau beobachten: WER räumt (ohne es zu wissen) den magischen Schnipsel weg? Da keiner weiß, um welchen Schnipsel es sich handelt, sind alle Kinder natürlich besonders gründlich …
4. Verkünden Sie am Ende der Aufräumphase den Gewinner!

48 Lernzentrum

– Für die Ordnung in der Klasse sind alle verantwortlich

Zeit ◆ —
Material ◆ Schilder für die verschiedenen Lernzentren

So geht es:

Visualisieren Sie verschiedene Bereiche in Ihrem Klassenzimmer, indem Sie „Lernzentrumschilder" (s. Tipps) vorbereiten (s. Vorlage oben: Vorderseite, unten: Rückseite)

1. Befestigen Sie diese Schilder beispielsweise an den Regalen, die zu dem genannten Bereich gehören.
2. Sollte es hier zu unordentlich werden, da die Kinder die Materialien nicht sorgfältig weggeräumt haben, drehen Sie das Schild einfach auf die Rückseite: Das entsprechende Lernzentrum bleibt kurzerhand vorübergehend geschlossen, es darf kein Material mehr entnommen werden!

Tipps!

- Vorschläge für mögliche Lernzentren: Deutsch, Mathematik, Wochenplan, Freiarbeit, Kunst …
- Ergänzen Sie die Lernzentren auch durch Freizeitzentren: Spielen (Spielecke), Bücher (Leseecke), Entspannung (Sofaecke)

Lernzentrum
Deutsch

Lernzentrum Deutsch

vorübergehend
geschlossen

Lernzentrum
Mathematik

Lernzentrum Mathematik

vorübergehend
geschlossen

ISBN 978-3-8346-2589-2 | www.verlagruhr.de

Wochenplan

Wochenplan

vorübergehend geschlossen

Freiarbeit

Freiarbeit

vorübergehend geschlossen

ISBN 978-3-8346-2589-2 | www.verlagruhr.de

vorübergehend geschlossen

vorübergehend geschlossen

ISBN 978-3-8346-2589-2 | www.verlagruhr.de

5

Erfolgreich gemeinsam lernen

Klassenregeln gibt es natürlich in jeder Klasse. Diese Regeln erfüllen keinen Selbstzweck, sondern sollen den Schülern ein möglichst störungsfreies und effektives Lernen ermöglichen. Das Einhalten dieser Regeln gelingt den Schülern mit unterschiedlichem Erfolg und jede Störung eines Schülers hat unweigerlich Folgen für alle anderen Mitschüler. Die Kinder müssen also einerseits die Möglichkeit bekommen, ihr Regelverhalten zunehmend weiterzuentwickeln und andererseits auch ihr eigenes Verhalten zunehmend zu reflektieren.
Bereits ab Beginn der ersten Klasse ist den Kindern sicherlich klar, dass sie sich melden und abwarten müssen, wenn sie einen Beitrag zum Unterricht leisten wollen. Dieses verliert auch im weiteren Verlauf der Schuljahre nicht an Bedeutung, wobei die Steuerung und Verantwortung zunehmend an die Schüler abgegeben werden kann bzw. sollte.
Nicht alle Arbeitsphasen bieten sich für ein leises Arbeiten an, jedoch ist es für ein konzentriertes Lernklima unerlässlich, dass die Schüler lernen, trotz großer Klassen und vieler Kinder leise und rücksichtsvoll vorzugehen. Dazu gehört ein Arbeiten in Flüsterlautstärke, Privatgespräche zu unterlassen, auch einmal am Platz sitzen bleiben zu können bzw. sich leise durch die Klasse zu bewegen, wenn es nötig wird.
Indem die Kinder lernen, Anweisungen des Lehrers, die die Organisation des Schulalltags und den Unterricht betreffen, zügig umzusetzen, wird ebenfalls dazu beigetragen, viel Zeit zu sparen und Nerven zu schonen.

Im Folgenden finden Sie einen Überblick zu den einzelnen Handlungsideen
- Aufzeigen
- Positives und produktives Arbeitsklima: Lautstärke, Rücksichtnahme …
- Anweisungen befolgen
- Positive Verstärker/Lernerfolge sichtbar machen

49 Meldekette

– Schülerorientiertes Arbeiten fördern

Zeit ◆ —
Material ◆ —

So geht es:

a) **Meldekette „traditionell"**
In dieser bekannten Variante nehmen sich die Kinder gegenseitig dran, wobei sich der Lehrer möglichst zurückzieht. Unterstützende Impulse können hierbei jedoch sein:
- Es werden nur Kinder drangenommen, die sich leise melden.
- Jungen müssen möglichst ein Mädchen drannehmen und umgekehrt.

b) **Meldekette „freundlich"**
Während es sich in der oben genannten Variante einfach um eine schülerorientierte Methode zur Gesprächsentwicklung handelt, liegt hier ein weiterer Schwerpunkt in der Art und Weise des Drannehmens – besonders freundlich bzw. höflich: Nimm jemanden dran,
- indem du ihm die Hand auf die Schulter legst.
- indem du ihm freundlich zulächelst.
- indem du ihm zuzwinkerst.
- indem du ihn freundlich aufforderst.
- indem du ihm die Hand schüttelst.

Tipp!

❖ Diese Variante ist besonders geeignet für „lockere" Gesprächsrunden. Bei inhaltlichen Reflexionsphasen besteht die Gefahr, dass zu sehr vom Thema abgelenkt wird.

50 Gesprächsleiter

– Schülerorientiertes Arbeiten fördern

Zeit ◆ —

Material ◆ ggf. eine optische Erkennungshilfe (Button, Käppi …)

So geht es:

1. Ernennen Sie vor einer anstehenden Gesprächsrunde (Meinungspool, Blitzlicht, Klassenrat …) einen Schüler zum Gesprächsleiter.
2. Nun ist dieser während der kompletten Gesprächsphase dafür zuständig, das Klassengespräch zu steuern: Er nimmt Kinder dran, achtet darauf, dass möglichst verschiedene Kinder zu Wort kommen, fragt auch mal nach, motiviert Kinder zum Sprechen, sorgt für aufmerksames Zuhören der anderen Schüler …
3. Anschließend erhält auch der Gesprächsleiter eine Rückmeldung der Mitschüler über seine Leistung: Er darf beispielsweise drei Schüler auswählen, die eine Bewertung abgeben dürfen.

51 Flüsterpokal

– Leises Arbeiten wird zur Herausforderung

Zeit ◆ Dauer einer Arbeitsphase
Material ◆ 1 „Pokal" (1 Medaille o. Ä.)

So geht es:

1. Zu Beginn einer Arbeitsphase erhält eine Tischgruppe Ihrer (willkürlichen) Wahl den Pokal. Alternativ können Sie auch fragen: Wer stellt sich heute der Herausforderung, den Pokal zu gewinnen?
2. Die Herausforderung für die Gruppe besteht nun darin, den Pokal auch zu behalten. Das gelingt so lange, wie die Gruppe es schafft, leise zu arbeiten.
3. Für die anderen Tischgruppen heißt es ebenfalls: leise arbeiten, denn wenn die „Pokalgruppe" zu laut wird, besteht die Chance, den Pokal von ihnen zu klauen bzw. zu übernehmen. Darüber entscheiden am besten Sie: Ist es allgemein zu laut, bleibt der Pokal zunächst bei Ihnen. Sie können den Pokal auch ohne Worte einfach an eine nächste Gruppe weitergeben, die bisher sehr leise gearbeitet hat.
4. Die ursprüngliche Gruppe hat natürlich (wie alle anderen auch) auch die Chance, den Pokal zurückzuerobern.
5. Die Gruppe, die den Pokal zum Schluss hat, ist der Sieger!

52 Flüsterolympiade

– Leises Arbeiten wird zur Herausforderung

Zeit ◆ Dauer einer Arbeitsphase
Material ◆ Flüstermedaille (Spielgeld, Papiermünzen, Muggelsteine …), Liste mit den Namen der Kinder (s. S. 79), ggf. kleinen Preis mit Urkunde (s. S. 80)

So geht es:

1. Legen Sie sich für eine Arbeitsphase Ihre Flüsterchips bereit und kündigen Sie für die Kinder „Olympische Spiele" an: Die Kinder haben nun die Möglichkeit, Flüsterchips zu verdienen!
2. Beobachten Sie die Kinder während der Arbeitsphase: Kinder, die leise arbeiten, bekommen eine Medaille, die sie möglichst bis zum Ende der Arbeitsphase behalten müssen. Aber Vorsicht: Die Medaillen können auch wieder verloren werden, wenn die Kinder zu laut werden!
3. Wer am Ende der Arbeitsphase noch seine Medaille hat, wird in die Liste eingetragen.
4. Nach einer mit den Kindern vereinbarten Zeit (eine Schulwoche, ein Monat …) wird die Liste ausgewertet und der erste, zweite und dritte Platz ermittelt. Gegebenenfalls erhalten diese Kinder einen „Mini-Preis" oder eine Urkunde.

Flüsterolympiade vom 23.4. **bis** 28.4.

Name	Strichliste der erhaltenen Flüstermedaillen
Jonas	𝍸 |||
Emil	|||
Mira	||

Flüsterolympiade vom ______________ bis ______________

Name	Strichliste der erhaltenen Flüstermedaillen

ISBN 978-3-8346-2589-2 | www.verlagruhr.de

Flüsterolympiade

vom ______________ bis ______________

____

hat den __________ Platz erreicht.

____

Unterschrift

53 Lautstärkeregler

– Auf die Arbeitslautstärke aufmerksam machen

Zeit ◆ —
Material ◆ Magnet, Bild des Lautstärkereglers (s. u.)

So geht es:

In vielen Klassen wird eine Lärmampel eingesetzt, die den Schülern anzeigt, ob ihre Arbeitslautstärke angemessen ist. Alternativ ist Folgendes:

1. Zeichnen Sie mit Kreide folgendes Bild in ausreichender Größe an die Tafel (s. u.)
2. Während der Arbeitsphase hat nun jeder die Möglichkeit, den Lautstärkeregler zu betätigen, um das Empfinden der Arbeitslautstärke zu visualisieren: Ist es einem Kind zu laut, verschiebt es den Magneten in den oberen Bereich. Ist die Lautstärke wieder angenehm, wird der Magnet erneut verschoben.

Tipps!

❖ Sie können den Regler natürlich auch auf ein Stück Tonpapier o. Ä. aufzeichnen!

❖ Auch ein Windspiel lässt sich gut als akustische Erinnerungshilfe einsetzen: Wird es während einer Arbeitsphase zu laut, dürfen die sich gestört fühlenden Kinder das Windspiel betätigen: Nun wird es dringend Zeit, dass alle sich wieder auf ein ruhiges Arbeiten besinnen!

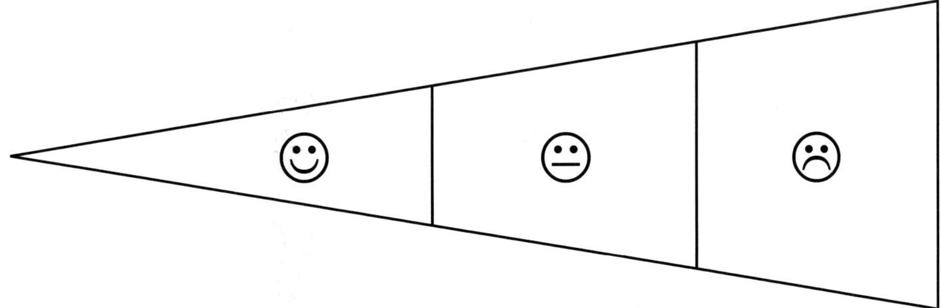

54 Atmosphärensensor

– Arbeitsatmosphäre wahrnehmen und reflektieren

Zeit ◆ —

Material ◆ Grafik an der Tafel (s. u.), 3 Magnete, Atmosphärensensor-Ausweis (s. S. 83)

So geht es:

1. Bestimmen Sie einen Schüler, der für etwa eine Unterrichtsstunde/eine Arbeitsphase als Atmosphärensensor agiert: Er arbeitet ganz normal an seinen Aufgaben, achtet aber zudem ganz bewusst darauf, wie die Schüler in der folgenden Arbeitsphase arbeiten. Er darf sich zwischenzeitlich auch gern Notizen machen, um später seine Einschätzung begründen zu können.
2. Er achtet z. B. auf folgende Bereiche:
   - Lautstärke
   - Rücksichtnahme (auch gegenseitiges Helfen)
   - Unruhe (durch Bewegung und Aktivität innerhalb der Klasse)
3. Nach Beendigung der Arbeitsphase bewertet der Atmosphärensensor die einzelnen Bereiche (Magnete verschieben) und begründet seine Einschätzung.

Tipp!

❖ Sie können ggf. auch zwei oder drei Kinder festlegen, die sich die aufgezeigten Bereiche teilen.

Vorderseite

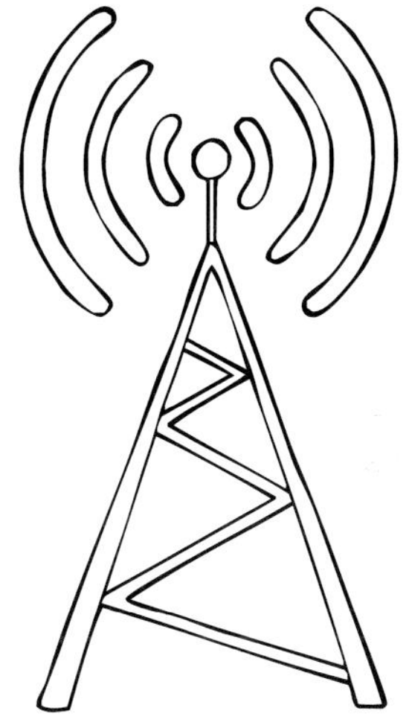

Atmosphären-sensor

Abb.: © Anja Boretzki

Rückseite

Lautstärke	☺ 😐 ☹
Rücksichtnahme	☺ 😐 ☹
Unruhe	☺ 😐 ☹

55 Geisterstunde

– Erfolgreich durch die Klasse schleichen

Zeit ◆ ca. 5 Minuten
Material ◆ —

So geht es:

1. Ein Schüler wird zum Geist und stellt sich vorn in der Klasse auf.
2. Auf das Signal „*Die Turmuhr schlägt zwölf*" schließen alle anderen Schüler (die Geisterjäger) die Augen und der Geist schwebt möglichst geräuschlos durch die Klasse und stellt sich hinter einem Geisterjäger auf.
3. Nun gibt der Lehrer das Signal „*Die Turmuhr schlägt eins*".
4. Die Kinder, die den Geist hinter sich vermuten, stehen ebenfalls auf (noch ohne zu gucken). Dann wird der Verdacht überprüft.
5. Gewonnen hat der Geist, wenn auch nur ein einziger Geisterjäger falsch aufgestanden ist, oder kein einziger Geisterjäger tätig wurde. Die Klasse gewinnt, falls nur der richtige Geisterjäger aufgestanden ist.

Tipps!

- Es können natürlich auch mehr als ein Geist durch die Klasse spuken.
- Die Kinder spielen besonders gern die Variante „Geisterstunde brutal": Die Geister beugen sich mit möglichst gruseligem Gesichtsausdruck von hinten über die Geisterjäger, wenn diese sich umdrehen (auch beim Auflösen der Spielrunde) freuen sie sich sehr über den zusätzlichen „Gruseleffekt".

56 Chefspiel

– Anweisungen geben und befolgen

Zeit ◆ 5 Minuten
Material ◆ —

So geht es:

1. Ein Schüler wird zum Chef, setzt sich gemütlich in einen Sessel (oder Lehrerstuhl) und lässt alle anderen für sich arbeiten.
2. Der Chef gibt nun also immer wieder eine Anweisung, die alle Schüler befolgen. Danach folgt zügig die nächste Anweisung etc.
   a) aus dem Bereich Schule: Holt die Federmappen heraus! Klappt die Mathebücher auf! Nehmt die Schultasche auf den Rücken! …
   b) aus dem Bereich Sport: Macht fünf Liegestütze, drei Kniebeugen! …
   c) …
3. Irgendwann klatscht der Chef in die Hände und ruft *„Feierabend – die Schicht ist beendet"* und ein neues Kind wird zum Chef ernannt.

57 Memoaktionsmeister

– Anweisungen merken und ausführen

Zeit ◆ 5–10 Minuten
Material ◆ ggf. Zettel mit möglichen Anweisungen

So geht es:

Bei diesem Spiel gilt es, den Memoaktionsmeister zu finden: Welcher Schüler schafft es, sich die meisten Anweisungen zu merken und richtig durchzuführen?

a) Variante 1

1. Fragen Sie einen Schüler, wie viele Anweisungen er meint, sich merken zu können.
2. Wählen Sie die entsprechende Anzahl an Karten aus und lesen sie diese vor.
3. Die vorgelesenen Karten erhält ein Mitschüler in der richtigen Reihenfolge, um den Erfolg des Spielers zu überprüfen. Für jede richtig ausgeführte Aktion wird die Karte aufgedeckt, ist die Aktion falsch, bleibt die Karte verdeckt liegen.
4. Der Spieler muss versuchen, alle genannten Aktionen in der richtigen Reihenfolge durchzuführen.

b) Variante 2

1. Lesen Sie allen Kindern zunächst eine Anweisung vor.
2. Die Kinder führen die Aktion auf ein Signal durch.
3. Lesen Sie nun zwei Anweisungen vor, danach drei etc. …
4. Die Schüler, die die Aktionen nicht richtig ausführen, scheiden aus – vertrauen Sie ruhig auf die Ehrlichkeit der Schüler!
5. Wer als Letztes stehen bleibt, ist der Memoaktionsmeister!

Klatsche 3-mal in die Hände.

Gehe um den Tisch herum.

Setze dich auf den Boden.

Springe 5-mal in die Luft.

Laufe zum Fenster.

Steige auf deinen Stuhl.

Mache zwei Kniebeugen.

Rufe laut deinen Namen.

Stelle dich auf die Zehenspitzen.

Schwinge die Arme im Kreis.

Tippe dir mit dem Zeigefinger an die Nasenspitze.

Setze dich auf den Stuhl.

ISBN 978-3-8346-2589-2 | www.verlagruhr.de

58 Bube, Dame, König, Ass

– Gut zuhören und schnell reagieren durch „Kommandospiele"

Zeit ◆ 5–10 Minuten
Material ◆ —

So geht es:

Das Spiel „Simon sagt" stellt sicherlich den Klassiker unter den „Kommandospielen" dar und wird von den Schülern immer wieder gern gespielt. „Bube, Dame, König, As" stellt eine ähnlich funktionierende Alternative dar.

1. Klären Sie mit den Schülern folgende Begriffe:
   Bube: die Hand zum Gruß an die Stirn legen
   Dame: in die Knie gehen zum Hofknicks
   König: den rechten Arm (Schwertarm) in die Höhe strecken
   Ass: Arm nach vorn strecken und den Daumen nach oben zeigen lassen
2. Rufen Sie nun die Begriffe, die Kinder müssen die passende Geste darstellen.
3. Steigern Sie zunehmend das Tempo. Kinder, die eine falsche Bewegung (auch nur ansatzweise) darstellen, scheiden aus dem Spiel aus.

Tipps!

- … nur zur Erinnerung „Simon sagt": Geben Sie den Kindern Anweisungen. Beginnen Sie die Sätze mit: *„Simon sagt":* Nur dann dürfen die Anweisungen ausgeführt werden. Geben Sie nur die Anweisung, ohne „Simon sagt" vorangestellt zu haben, darf die Anweisung nicht ausgeführt werden (Kinder, die nicht aufpassen, scheiden aus).
- Es lassen sich ganz einfach weitere Alternativen finden, indem Sie einfach neue Begriffe auswählen und sich dazu lustige, einfache Gesten überlegen (auch thematisch zum Unterrichtsinhalt: z. B. „Ritter und Burgen": Page (ein Tablett servieren), Knappe (etwas polieren), Ritter (Ausfallschritt und Schwertstoß), Held (beide Arme in die Höhe reißen).

59 Verhaltensanzeiger „Minitafel"

– Aktuelles Verhalten visualisieren

Zeit ◆ —
Material ◆ Minitafel (s. S. 90), Muggelsteine oder Klammern

So geht es:

1. Bereiten Sie einige Minitafeln vor, indem Sie die Vorlage kopieren und ggf. laminieren.
2. Tragen Sie für das entsprechende Kind den zu beobachtenden Verhaltensbereich auf der Minitafel ein:
   - Mitarbeit im Unterricht
   - Am Platz arbeiten
   - aufzeigen
   - ...
3. Stellen Sie die Minitafel hin (benutzen Sie dazu am besten einen Kartenhalter) oder legen Sie sie gut sichtbar auf den Arbeitsplatz des Kindes.
4. Verschieben Sie die Klammer (oder den Muggelstein) während des Unterrichts ohne Worte in die beobachtete Richtung: Der Schüler erhält auf diese Weise eine direkte Rückmeldung über sein eigenes Verhalten und kann es dementsprechend ggf. regulieren.

Tipp!

❖ Wenn Sie die Tafeln laminieren und Folienstifte verwenden, lassen sie sich jeweils ganz individuell und ohne zusätzlichen Zeitaufwand verändern.

Mini-Tafel

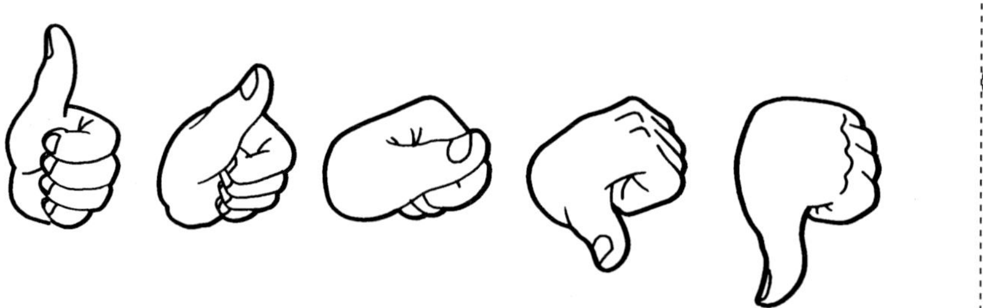

So verhältst du dich im Moment im Bereich

____

Abb.: © Mik Schulz

So geht es:

1. Bereich auf die Linie eintragen
2. Karte am Sitzplatz befestigen
3. Klammer oder Muggelstein jeweils auf das passende Bild klammern oder legen

ISBN 978-3-8346-2589-2 | www.verlagruhr.de

60 Verhaltensuhr

– Aktuelles Verhalten direkt sichtbar machen

Zeit ◆ —
Material ◆ Verhaltensuhr (s. S. 92), Musterklammer, ggf. Kartenhalter

So geht es:

1. Bereiten Sie einige Verhaltensuhren vor, indem Sie die Vorlage kopieren und ggf. laminieren.
2. Tragen Sie für das entsprechende Kind den zu beobachtenden Verhaltensbereich auf der Verhaltensuhr ein:
   - Mitarbeit im Unterricht
   - am Platz arbeiten
   - aufzeigen
   - …
3. Stellen Sie die Verhaltensuhr (benutzen Sie dazu am besten einen Kartenhalter) oder legen Sie sie gut sichtbar auf den Arbeitsplatz des Kindes.
4. Verschieben Sie den Zeiger während des Unterrichts ohne Worte in die beobachtete Richtung: Der Schüler erhält auf diese Weise eine direkte Rückmeldung über sein eigenes Verhalten und kann es dementsprechend ggf. regulieren.

Verhaltensuhr

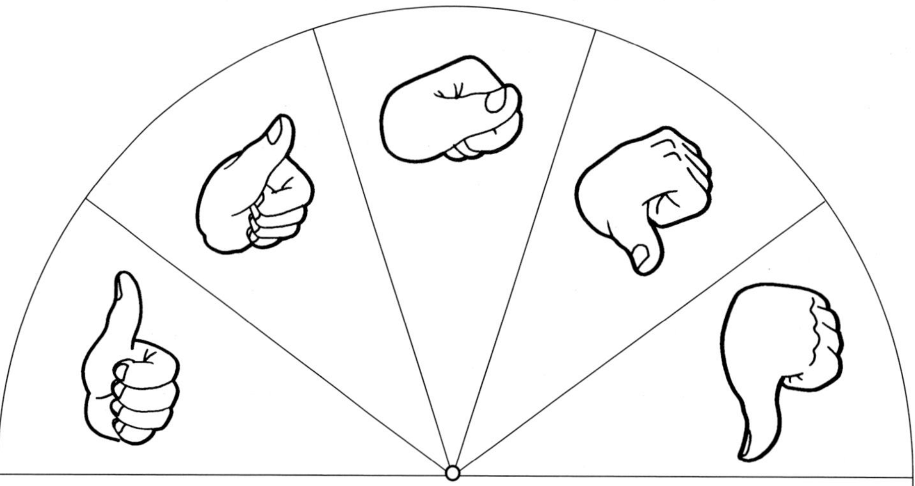

So verhältst du dich im Moment im Bereich

____

Abb.: © Mik Schulz

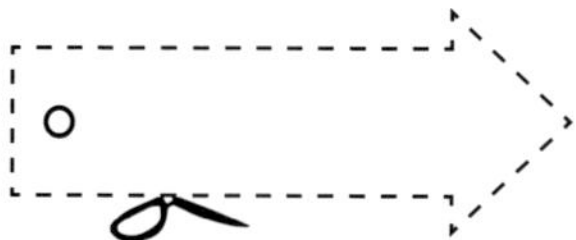

So geht es:

1. Uhr und Pfeil laminieren
2. Pfeil mit einer Musterklammer befestigen
3. Bereich auf der Linie eintragen

ISBN 978-3-8346-2589-2 | www.verlagruhr.de

61 Flüstermünzen und Schatzkiste

– Aktuelles Verhalten visualisieren und positives Verhalten verstärken

Grundgedanke ist dabei folgender: Alle Schüler starten, ungeachtet jeglicher Geschehnisse am Vortag, jeden Schultag immer positiv: Dazu erhalten sie einen kleinen Schatz: zwei Flüstermünzen, die an der Schatzkiste festgeklammert werden. Es gilt nun, diesen Schatz möglichst über den gesamten Schultag zu behalten. Verstoßen die Schüler gegen eine oder mehrere Regeln, verlieren sie dementsprechend Flüstermünzen. Am Ende des Schultages werden die verbliebenen Münzen auf der Flüsterkarte abgestempelt. Ist die Karte voll, erhalten die Kinder eine kleine Belohnung.

Zeit ◆ —

Material ◆ Schatzkiste und Flüstermünzen für jedes Kind (s. S. 94–96), Klettverschluss zum Aufkleben, Pappstreifen, Wäscheklammern (2 pro Schüler), Flüstermünzenkarte

So geht es:

Die Herstellung der Schatzkisten und des Zubehörs scheint zunächst etwas aufwändiger, lohnt sich aber, da sie dauerhaft und auch wiederverwendbar sind.

1. Kopieren und laminieren Sie die Schatzkisten. Beschriften Sie diese erst später mit Folienstift mit den Namen der Kinder, dann bleibt sie wiederverwendbar.
2. Kleben Sie die Flüstermünzen auf die Wäscheklammern.
3. Schneiden Sie einen etwa 80 x 8 cm langen Pappstreifen aus Tonkarton zurecht: Dieser dient als Aufhängevorrichtung, an der die Schatzkisten zentral befestigt werden können (es passen ca. sechs Kisten untereinander),
4. Bekleben Sie sowohl die Rückseite der Schatzkisten als auch den Pappstreifen jeweils mit einem Stückchen Klettverschluss und befestigen Sie daran die Schatzkisten (Besonders hartnäckige Störenfriede können somit vorübergehend auch die ganze Schatzkiste verlieren).
5. Hängen Sie die gesamte Vorrichtung zentral zugänglich in der Klasse auf.

Abb.: © Anja Boretzki

Abb.: © Anja Boretzki

ISBN 978-3-8346-2589-2 | www.verlagruhr.de

Flüstermünzensammelkarte von ______________________

Abb.: © Anja Boretzki

Flüstermünzensammelkarte von ______________________

Abb.: © Anja Boretzki

62 Helferagent

– Mit Hilfe geht es besser: Verhaltensweisen bewusst wahrnehmen

Zeit ◆ —
Material ◆ Kleine Kärtchen

So geht es:

1. Jedes Kind formuliert zu Beginn der Woche ein für sich möglichst erreichbares Wochenziel. Dieses kann in ein Lerntagebuch o. Ä. eingetragen werden (ein Klassenplakat mit den Namen der Kinder und einer Leerzeile daneben, in die das Ziel eingetragen werden kann, funktioniert auch).
2. Nun ordnet sich jeder Schüler einem Mitschüler zu, den er zudem bei der Erreichung seines Ziels unterstützen will. Auf ein kleines Kärtchen schreibt er sich den Namen des Kindes und dessen Wochenziel (Ohne eine schriftliche Notation vergessen die Kinder recht schnell das Ziel des Mitschülers).
3. Er hat nun die Aufgabe, auch mit auf seinen Mitschüler zu achten, ihn ggf. an sein Ziel zu erinnern, ihn darauf aufmerksam zu machen, wenn er Gefahr läuft, das Ziel zu verfehlen etc.
4. Am Ende der Woche bei einer Abschlussreflexion schätzt nicht nur das Kind selbst ein, ob und wie es sein Ziel erreicht hat, sondern auch der Helferagent reflektiert das Verhalten seines Mitschülers.

Tipp!

❖ Es ist natürlich auch möglich, gerade zu Beginn, Tages- oder Stundenziele zu vereinbaren.

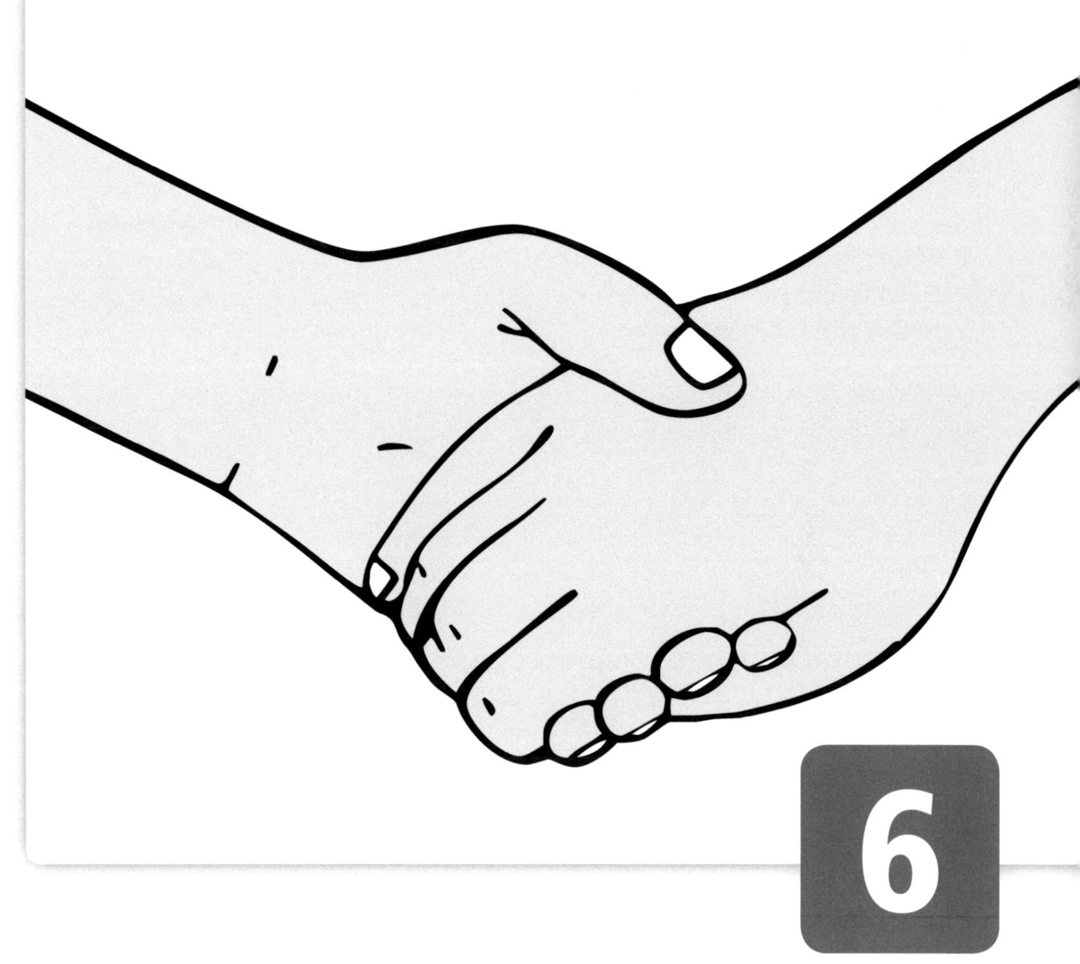

6

Gute Geister und helfende Hände

Eine Atmosphäre der Wertschätzung ist unserer Meinung nach eine wichtige Voraussetzung für ein ungestörtes Schulleben.
Dafür ist wesentlich, dass die Schüler nicht ihre eigenen Bedürfnisse und Belange in den Vordergrund stellen, sondern auch die ihrer Mitschüler wahrnehmen. Der Blick wird auf das positive Verhalten gelenkt und gestärkt. Die Kinder sollen ein Gespür dafür entwickeln, wann jemand ihre Hilfe benötigt, oder aber auch schätzen lernen, wenn sie Hilfe erhalten.
Einem Mitschüler eine Freude bereiten gehört zu den alltäglichen Nettigkeiten, die es verdienen, hervorgehoben und gewürdigt zu werden. Dies kann in einer Art Veröffentlichung oder aber auch in einem schlichten „Danke sagen" erfolgen. Besondere Erfolge einzelner Schüler oder der ganzen Klasse können als Vorbild für die ganze Schulgemeinschaft dienen.
Diese Art der Bewusstmachung von positivem Verhalten motiviert die Kinder und trägt zu einem guten Klima bei.

Im Folgenden finden Sie einen Überblick zu den einzelnen Handlungsideen:

- Besondere und gute Taten würdigen
- Gefühle und Stimmungen teilen
- Helfen und Hilfen wahrnehmen

63 Funkelecke

– Besondere Sterne funkeln durch gute Taten

Zeit ◆ —
Material ◆ Pinnwand, 1 Tuch oder Tonpapier, Sterne (s. S. 98)

So geht es:

1. Gestalten Sie eine Pinnwand im Klassenraum auf besondere Art und Weise mit einem Tuch oder Tonpapier.
2. Legen Sie die Sterne dazu. Die Schüler, aber auch die Lehrer, haben nun die Möglichkeit, für Kinder, die etwas Besonderes gemacht haben, Sterne zu beschriften. („..., *dein Licht strahlte besonders hell, als ...*")

dein Licht strahlte besonders hell, als
dein Licht strahlte besonders hell, als
dein Licht strahlte besonders hell, als
dein Licht strahlte besonders hell, als

64 Sonnenstrahlen

– Gute Taten bringen jeden zum Strahlen

Zeit ◆ —
Material ◆ blaue und gelbe DIN-A4-Blätter

So geht es:

1. Jedes Kind erhält zu Beginn des Schuljahres ein blaues Blatt, auf das es einen gelben Kreis als Sonne klebt. Auf den Kreis wird geschrieben: „Du warst ein Sonnenschein, als ..."
2. Während eines Schultages haben die Kinder die Möglichkeit, besonderes Verhalten ihrer Mitschüler wahrzunehmen. Sie nominieren sie für die Sonnenstrahlen, indem sie Ihnen das beobachtete Verhalten mitteilen. Entweder beschriften Sie die Sonnenstrahlen oder die Schüler machen es selbst:
   Der Anfang des Satzes steht bereits auf dem gelben Kreis (s. o.). Dieser wird nun entsprechend ergänzt. Wichtig ist auch, dass der Schreiber seinen Namen und das Datum hinzufügt.
3. Am Ende des Tages, im Abschlusskreis, werden die Sonnenstrahlen an die Kinder übergeben. Sie kleben sie dann an ihre Sonne.

Tipps!

- Als Material eignet sich buntes Kopierpapier. Schneiden Sie die Teile so zurecht, dass alles auf ein DIN-A4-Blatt passt. Der Kreis sollte einen Durchmesser von ca. 7 cm haben. Für die Sonnenstrahlen schneiden Sie ca. 3 cm breite Streifen entlang der schmalen Seite eines Blattes und halbieren diese noch einmal.
- Dieses Blatt lässt sich gut in ein Lerntagebuch oder Logbuch integrieren.

65 Kind der Woche

– Auszeichnung der besonderen Art

Zeit ◆ 5–10 Minuten
Material ◆ Klassenpokal oder Medaille

So geht es:

Am Ende einer Schulwoche wird der Klassenpokal an ein Kind verliehen, dass sich nett und freundlich verhalten und die vereinbarten Regeln beachtet hat.

1. Im Rahmen eines abschließenden Klassenrates nominieren die Schüler ihr „Kind der Woche". Sie nennen einen Namen und begründen ihre Nominierung ausführlich. Es können auch Kinder nominiert werden, die individuelle Erfolge erzielt haben.
2. Das Kind mit den meisten Nominierungen erhält den Pokal und darf ihn über das Wochenende mit nach Hause nehmen.
3. Visualisieren Sie auf einem kleinen Plakat oder an der Tafel bis zur nächsten Pokalvergabe den Namen des Kindes.

Tipp!

❖ Achten Sie darauf, dass nicht immer nur Freunde sich gegenseitig nennen. Thematisieren Sie gelegentlich:
„Wer verdient eigentlich den Pokal?", „Was muss ich tun, um den Pokal zu erhalten?"

66 Lobbuch

– Verdienste werden festgehalten

Zeit ◆ immer zwischendurch
Material ◆ kleine Kladde oder Heft

So geht es:

1. Legen Sie das Lobbuch an einen bestimmten Platz im Klassenraum.
2. Schüler und Lehrer können zu jeder Zeit besondere Verdienste von Kindern in das Buch eintragen. Dazu gehört z. B., wenn jemand einem anderen geholfen hat, ein Kind ein anderes getröstet hat, ein Schüler von einem anderen zum Lachen gebracht wurde … (Name und Datum nicht vergessen!).
3. Die Einträge des Lobbuches sollten mindestens einmal in der Woche von einem Schüler vorgelesen werden.
4. Das Buch wird als eine Art Logbuch geführt, was einen längeren Zeitraum widerspiegelt.

Tipp!

❖ Lassen Sie den äußeren Einband des Lobbuches von den Kindern gestalten, sodass es zu „ihrem“ Buch wird.

67 Newsletter

– Erfolge öffentlich machen

Zeit ◆ —
Material ◆ Pinnwand oder Stellwand, Plakat, buntes Papier

So geht es:

1. An einer Pinnwand vor der Klasse, an einer Stellwand in der Aula oder im Eingangsbereich der Schule sollen besondere Erfolge der Kinder für alle Schüler der Schule sichtbar gemacht werden.
2. Es können Erfolge aus den verschiedensten Bereichen veröffentlicht werden: Sport, Schwimmen, Wettkämpfe, Malwettbewerbe, Lesewettbewerbe, „Kind der Woche“, gute Taten …
3. Es bietet sich an, das Plakat vielseitig zu gestalten. Überschriften, Texte, Bilder und Fotos lassen den Newsletter zum „Hingucker“ werden.

68 Gefühlsuhr

– Gefühle verbalisieren

Zeit ◆ 5 Minuten
Material ◆ Gefühlsuhr (s. S. 108)

So geht es:

Die Gefühlsuhr können Sie im täglichen Morgenkreis ritualisieren.
Die Kinder sitzen im Stuhlkreis und geben die Gefühlsuhr herum. Das Kind, das die Uhr erhält, stellt den Zeiger auf ein oder mehrere Gefühlszustände ein. Es erläutert kurz, warum es so empfindet, und gibt dann die Uhr weiter. Auch Sie sind aufgefordert, an der Runde teilzunehmen.

Tipps!

- Dieses „Gefühlsouting“ ermöglicht allen Schülern und auch Ihnen eine Einschätzung der individuellen Befindlichkeiten. Eventuelle Reaktionen in bestimmten Situationen sind besser zu verstehen oder einzuordnen.
- Es ist wichtig, dass jeder Schüler sich mitteilt. Die Kinder können so mehr Verständnis füreinander zeigen, aufeinander eingehen und eventuell Hilfen anbieten.

 ISBN 978-3-8346-2589-2 | www.verlagruhr.de

69 Stimmungsrunde

– Mir geht es gut – Mir geht es schlecht

Zeit ◆ 5 Minuten
Material ◆ 1 „Erzählstein" oder „Erzählball"

So geht es:

Die Stimmungsrunde lässt sich sowohl im Morgenkreis als auch im Abschlusskreis durchführen.

1. Die Kinder sitzen im Stuhlkreis. Es spricht das Kind, das den „Erzählstein" in der Hand hält.
2. Das Kind sagt: *„Es geht mir gut, weil ...", „Es geht mit schlecht, weil ...", „Mir hat heute ... gefallen."* oder *„Mir hat heute ... nicht gefallen."* ...
3. Ist das Kind fertig mit seinem Beitrag, reicht es den Erzählstein weiter. Auch Sie dürfen Ihre Stimmung mitteilen.

Tipp!

❖ Es ist wichtig, dass jeder Schüler sich mitteilt. Die Kinder können so mehr Verständnis füreinander zeigen, aufeinander eingehen und eventuell Hilfen anbieten.

70 Sternenfänger

– Helfer-Sticker

Zeit ◆ —
Material ◆ Sternchensticker o. Ä.

So geht es:

Hier geht es darum, dass die Schüler Hilfen, die sie erhalten, bewusst wahrnehmen.
Wurde einem Kind geholfen, darf es seinem Helfer einen Sternsticker schenken. Es holt sich bei Ihnen den Sticker ab und überreicht ihn. Die Sternsticker können beispielsweise im Lerntagebuch/Logbuch oder dem Hausaufgabenheft gesammelt werden.

Tipp!

❖ Sticker zu sammeln, hat einen hohen Aufforderungscharakter und motiviert die Schüler, einander zu helfen.

71 Heinzelmännchen – Top Secret

– Heimlich etwas Gutes tun

Zeit ◆ im Laufe einer Woche
Material ◆ Namenskärtchen

So geht es:

1. Jeder Schüler zieht zu Beginn einer Schulwoche ein Namenskärtchen. Der gezogene Name darf nicht verraten werden.
2. Die Schüler überlegen sich, wie sie diesem Kind etwas Gutes tun können, und führen es im Laufe der Woche durch.
3. Am Ende der Woche, im Abschlusskreis, wird nachgefragt: *„Hast du erkannt, wer dein Heinzelmännchen war?"*

Tipp!

❖ Der Blick des Einzelnen für etwas Gutes und Nettes wird geschärft. In kleiner Detektivarbeit wird es aufgespürt und bringt Spaß.

72 Helferhände

– Hilfsbereitschaft visualisieren

Zeit ◆ —
Material ◆ „Hände“ aus buntem Papier, laminiert, Kartenhalter, Folienstifte

So geht es:

Schüler, die etwas besonders gut können, bieten ihre Hilfe in diesen Bereichen an.

❖ Das Kind nimmt eine „Hand“, beschriftet sie mit seinem Hilfsangebot und stellt sie mithilfe eines Kartenhalters an seinem Platz auf.

❖ Schüler, die dieses Angebot in Anspruch nehmen möchten, sprechen das Kind an.

Tipp!

❖ Individueller werden die „Hände“, wenn jeder Schüler einen Handumriss gestaltet, der anschließend laminiert und ausgeschnitten wird.

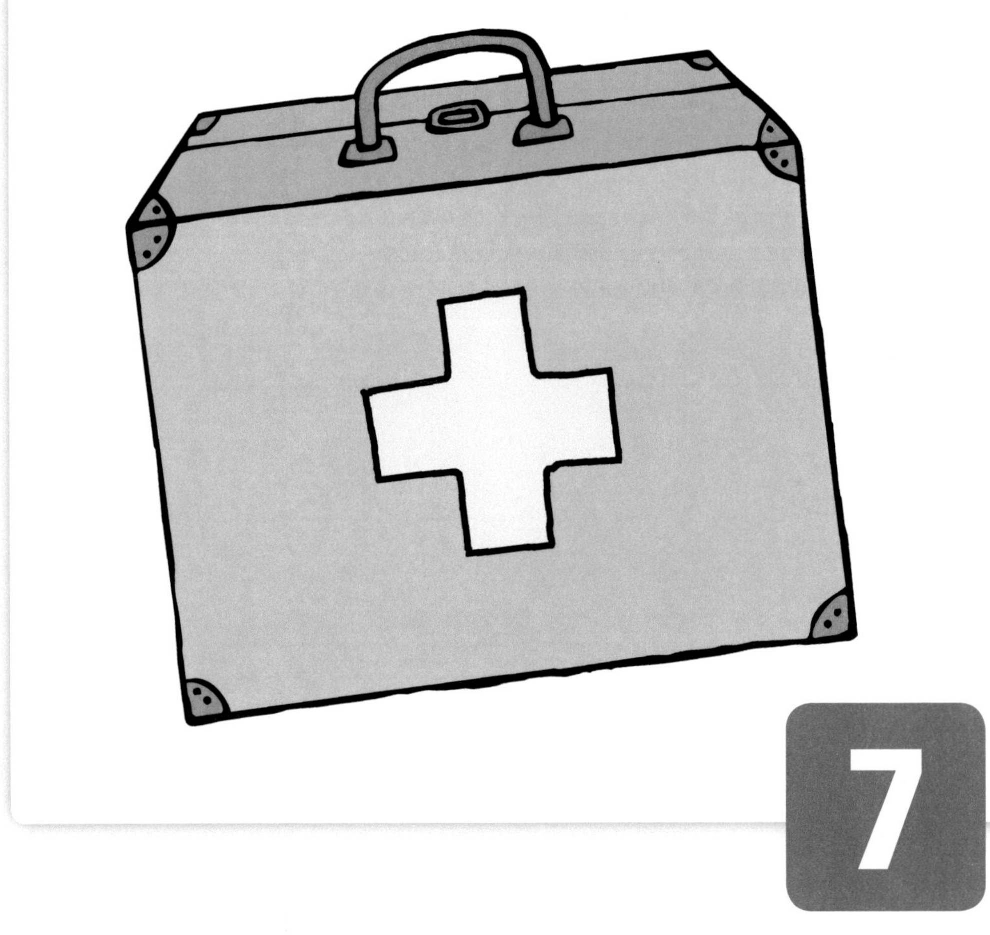

7

Erste Hilfe in brenzligen Situationen

Konfliktsituationen ergeben sich im Schulalltag häufig (mehrmals) täglich. Zeitweilig sind diese Konfliktsituationen emotional so aufgeladen, dass es in diesem Moment gar nicht möglich scheint, ein klärendes Gespräch zu führen oder den Konflikt aufzuarbeiten. Trotzdem oder gerade deswegen besteht natürlich Handlungsbedarf: Die beteiligten Kinder müssen zunächst einmal die Möglichkeit haben, sich zu beruhigen oder auch Dampf abzulassen, bevor der eigentliche Konflikt geklärt werden kann.
Erfahrungsgemäß gibt es Unterrichts- oder Schulsituationen, die besonders anfällig für die Entstehung von Konflikten sind und durchaus immer wieder vorkommen. Nicht immer besteht die Zeit dazu, sich ausführlich und immer wieder mit der Klärung oder Besprechung dieser Situationen zu beschäftigen. Zu einigen dieser Bereiche haben wir in unserer Unterrichtspraxis zu sogenannten „Nachdenkaufgaben" gegriffen, um den Kindern ein Fehlverhalten anzuzeigen und ihnen die Gelegenheit zu geben, sich noch einmal mit den Vorgängen auseinanderzusetzen.

Im Folgenden finden Sie einen Überblick zu folgenden Handlungsideen:
- Wut in Bewegung umsetzen/Aggression kanalisieren
- Über ein Verhalten nachdenken

73 Rumpelstilzchen

– Wut in Bewegung umsetzen

Zeit ◆ ca. 30 Sekunden
Material ◆ ein Platz, an dem Lautstärke nicht stört

So geht es:

1. Lassen Sie den wütenden Schüler (wenn es zwei sind, unabhängig voneinander) ein richtiges Rumpelstilzchen sein!
2. Schicken Sie ihn in einer brenzligen Situation beispielsweise vor die Tür.
3. Hier hat der Schüler die Möglichkeit, einmal richtig Dampf abzulassen: Schreien, springen, stampfen – all das ist erlaubt!
4. Wenn sich das Kind genügend beruhigt hat, ist die Zeit, um Einzelheiten des Vorfalls in Ruhe zu klären.

Tipp!

❖ Alternative Powerlauf:
- Lassen Sie den oder die wütenden Schüler ihre Wut einfach „wegrennen".
- Schicken Sie ihn oder sie einfach nach draußen: So schnell sie können, sollen sie beispielsweise zwei Runden um den Schulhof rennen.
- Anschließend erfolgt die Klärung des Vorfalls.

74 Wutschreiber

– Wut einfach „wegschreiben"

Zeit ◆ 2 Minuten
Material ◆ Stift, Zettel

So geht es:

1. Geben Sie dem wütenden Kind die Möglichkeit, seine Wut einfach aufzuschreiben.
2. Es hat ca. eine Minute Zeit, alles aufzuschreiben, was es möchte: Das können Schimpfwörter, Kraftausdrücke etc. sein (alles, was im Dialog mit anderen nicht erwünscht ist, darf hier ruhig aufgeschrieben werden).
3. Ein Lesen seitens der Lehrkraft ist nicht erlaubt!
4. Hat sich das Kind während oder nach dem Schreiben etwas beruhigt, wird der „Wutzettel" mitsamt der schlechten Stimmung vernichtet: Er landet im Müll!
5. Anschließend kann der Vorfall näher besprochen und geklärt werden.

75 Wutecke

– Einfach Dampf ablassen

Zeit ◆ —
Material ◆ Karton, Zeitungen, Kochlöffel, Luftballons, alte Kissen …

So geht es:

1. Richten Sie im Klassenraum (besser ein geeigneter Nebenraum) eine kleine Wutecke bzw. Wutkiste ein, bei akuten Wutanfällen dürfen die Kinder hier richtig Dampf ablassen:
   - einen aufgepusteten Luftballon zum Platzen bringen
   - Zeitungspapier zerknüllen oder zerreißen
   - mit Kochlöffeln auf eine Pappkiste schlagen oder diese Kiste zerstampfen
   - in ein Kissen boxen
   - …
2. Im akuten Notfall entscheiden die Kinder selbst, wie sie ihre Wut am besten abreagieren können.
3. Anschließend erfolgt ein klärendes Gespräch über den eigentlichen Vorfall.

76 Stilles Schimpfduell

– Im Schimpfduell die Wut abreagieren

Zeit ◆ ca. 2 Minuten
Material ◆ Tische, Stühle

So geht es:

Geben Sie zwei Streithähnen die Möglichkeit, sich kontrolliert weiterzustreiten, ohne dabei laut sprechen zu dürfen:

1. Stellen Sie zwei Stühle gegenüber voneinander (Abstand ca. 1,5 m) auf.
2. Die beiden Kontrahenten nehmen auf den Stühlen Platz und dürfen sich dabei für etwa 30 Sekunden weiter beschimpfen: Sie dürfen sich alles sagen, was sie wollen – es darf aber kein Ton dabei über ihre Lippen kommen. Gesten mit Armen und Beinen sowie Berührungen sind dabei nicht erlaubt.
3. Die wütenden Blicke sind häufig genug der Anlass, dass beide Kontrahenten lachen müssen!

77 Nachdenkaufgaben

– Über das eigene Verhalten nachdenken

Zeit ◆ ca. 5–10 Minuten
Material ◆ Kopiervorlage (s. S. 120–125)

So geht es:

Im Folgenden finden Sie Nachdenkaufgaben, die von den Schülern jeweils schriftlich bearbeitet werden:

1. **Höflich sein und nette Worte benutzen**
   Aus unseren Erfahrungen heraus sind es besonders Schimpfwörter und gegenseitige Beleidigungen, die im schulischen Alltag immer wieder vorkommen. Die Kinder, die sich (hartnäckig) nicht an die Regel „Wir sind höflich und benutzen nette Wörter" halten können, bearbeiten folgendes Arbeitsblatt. Es hat sich gezeigt, dass gerade das Verschriftlichen vielen Kindern sehr unangenehm ist: Es ist eine Sache, in einer emotionalen Situation Schimpfwörter zu verwenden, eine andere aber, diese in einer rationalen Situation noch einmal zu wiederholen und zu bearbeiten. Dieses Blatt kann zusätzlich auch von den Eltern unterschrieben werden.

2. **Mein Weg durch das Schulgebäude**

3. **Richtiges Verhalten in der Pause**

4. **Richtiges Verhalten in der Umkleidekabine**
   Diese drei Nachdenkaufgaben verzichten bewusst auf eine Auflistung des Fehlverhaltens, sondern wir haben versucht, den Fokus auf die richtige Verhaltensweise zu lenken (So geht's)

5. **Gemeinsam lernen (leicht)**

6. **Gemeinsam lernen – so geht es! (schwer)**
   Diese Nachdenkaufgaben stellen eine Möglichkeit der Reflexion dar, die wir in unserem Unterricht bei wiederholten Störungen eingesetzt haben.

Name: .... Datum: ....

Höflich sein und nette Worte benutzen

Du hast .... beleidigt. Was hast du gesagt?

Erkläre bitte, was das genau heißt:

Wie fühlt sich derjenige, den du beleidigt hast?

Schreib auf, wie du dich entschuldigen wirst:

ISBN 978-3-8346-2589-2 | www.verlagruhr.de

Name: .... Datum: ....

Mein Weg durch das Schulgebäude

So geht's:

Das mache ich beim nächsten Mal besser:

ISBN 978-3-8346-2589-2 | www.verlagruhr.de

Name: .... Datum: ....

Richtiges Verhalten in den Pausen

So geht's:

....

....

....

....

Das mache ich beim nächsten Mal besser:

....

....

....

....

....

....

....

....

....

....

....

....

....

....

....

....

....

ISBN 978-3-8346-2589-2 | www.verlagruhr.de

Name: .... Datum: ....

Richtiges Verhalten in der Umkleidekabine

So geht's:

....

....

....

....

Das mache ich beim nächsten Mal besser:

....

....

....

....

....

....

....

....

....

....

....

....

....

....

....

....

....

ISBN 978-3-8346-2589-2 | www.verlagruhr.de

Name: .... Datum: ....

Gemeinsam lernen

Welche Regel hast du missachtet?

☐ aufzeigen ☐ flüstern ☐ Anweisungen befolgen

☐ zuhören ☐ am Platz arbeiten ☐ schleichen

Was bedeutet es für den Unterricht, wenn du störst?

☐ es wird unruhiger ☐ es wird leiser ☐ es wird lauter

☐ wir schaffen weniger ☐ wir schaffen mehr ☐ das Lernen wird schwieriger

Wie kam es dazu? Wie hast du dich gefühlt?

☐ müde ☐ traurig ☐ gelangweilt

☐ .... ☐ keine Lust zum Lernen ☐ ich habe etwas nicht verstanden

Wie fühlen sich die anderen Kinder, wenn du störst?

☐ genervt ☐ wütend ☐ entspannt

☐ lachen über mich ☐ gut gelaunt ☐ werden angesteckt und stören auch

Was nimmst du dir vor?

....

....

Unterschrift Schüler Unterschrift Lehrer

☐ Du hast den Rest des Unterrichts die Regeln eingehalten

☐ Du hast die Regeln weiter missachtet, daher ....

ISBN 978-3-8346-2589-2 | www.verlagruhr.de

Name: .... Datum: ....

Gemeinsam lernen – so geht es!

1. **Was ist wichtig, damit alle gemeinsam lernen können?**

....

....

2. **Welche Regel hast du gebrochen?**

....

....

3. **Wie kam es dazu?**

....

4. **Was bedeutet das für dich?**

....

5. **Was bedeutet das für alle anderen?**

....

6. **Was nimmst du dir vor?**

....

7. **Welche Hilfen brauchst du dafür?**

....

....

Unterschrift Schüler Unterschrift Lehrer

☐ Du hast den Rest des Unterrichts die Regeln eingehalten

☐ Du hast die Regeln weiter missachtet, daher ....

ISBN 978-3-8346-2589-2 | www.verlagruhr.de

Bücher

Blum, Eva; Blum, Hans-Joachim:
Der Klassenrat.
Ziele, Vorteile, Organisation.
Verlag an der Ruhr, 2012.
ISBN 978-3-8346-2289-1

Dosch, Elke; Grabe, Astrid:
Die Wiedergutmachungs-Kartei.
Sich entschuldigen und bedanken – 85 Anregungen für Kinder.
Verlag an der Ruhr, 2014.
ISBN 978-3-8346-2478-9

Drew, Naomi:
Mobbing-Prävention in der Grundschule.
120 Spiele, Übungen und Arbeitsblätter, m. CD-ROM.
Verlag an der Ruhr, 2012.
ISBN 978-3-8346-0937-3

Götzinger, Marina; Kirsch, Dieter:
Grundschulkinder werden Streitschlichter.
Ein Ausbildungsprogramm mit vielen Kopiervorlagen.
Verlag an der Ruhr, 2004.
ISBN 978-3-86072-854-3

Hartmann, Luisa:
30 Streitgeschichten.
3-Minuten-Geschichten für den Morgenkreis.
Verlag an der Ruhr, 2008.
ISBN 978-3-8346-0421-7

Jones, Alanna:
Ganz verschieden … und doch ein Team.
100 Spiele für soziales Lernen in Regel- und Inklusionsklassen.
Verlag an der Ruhr, 2012.
ISBN 978-3-8346-2287-7

Kerntke, Monika:
101 Rezepte für produktives Arbeitsverhalten, m. CD-ROM.
Verlag an der Ruhr, 2012.
ISBN 978-3-8346-2241-9

Koll, Karsten; Rudolph, Jürgen:
Wenn es mit Schülern, Eltern und Kollegen mal schwierig wird.
50 Anregungen für Problemlösungen im Schulalltag.
Verlag an der Ruhr, 2013.
ISBN 978-3-8346-2432-1

Orlick, Terry:
Zusammen spielen – nicht gegeneinander!
150 kooperative Spiele für Kinder.
Verlag an der Ruhr, 2007.
ISBN 978-3-8346-0247-3

Reichling, Ursula; Wolters, Dorothee:
Hallo, wie geht es dir?
Mit Bildkarten spielerisch Gefühle ausdrücken.
Verlag an der Ruhr, 2013.
ISBN 978-3-8346-2239-6

Schöllmann, Sven; Schöllmann, Evelyn:
Respektvoll miteinander sprechen – Konflikten vorbeugen.
10 Trainingsmodule zur gewaltfreien Kommunikation in der Grundschule – von der Wolfssprache zur Giraffensprache, m. 1 Audio-CD.
Verlag an der Ruhr, 2014.
ISBN 978-3-8346-2477-2

Shore, Kenneth:
Die große Hausapotheke gegen Unterrichtsstörungen.
700 Handlungsanregungen für mehr Disziplin und produktives Arbeiten in der Grundschule.
Verlag an der Ruhr, 2013.
ISBN 978-3-8346-2433-8

Simma, Christoph:
77 Impulse für Achtsamkeit und Stille in der Grundschule.
Verlag an der Ruhr, 2014.
ISBN 978-3-8346-2472-7

Werneke, Anja; Wollweber, Nicola:
Mit der kleinen Raupe den Gefühlen auf der Spur.
Empathiefähigkeit im Anfangsunterricht fördern.
Verlag an der Ruhr, 2012.
ISBN 978-3-8346-2237-2